LATINA

1

AULA LATINA 1

Autores:

Equipo Tecnológico de Monterrey (México): María Elena Arévalo, Edith Bautista, Helena Jiménez
Equipo Difusión (España): Jaime Corpas, Eva García, Agustín Garmendia

Coordinación pedagógica: Neus Sans
Coordinación editorial: Eduard Sancho
Redacción: Eduard Sancho
Corrección: Pablo Garrido

Diseño: CIFR4
Ilustraciones: Roger Zanni *excepto:* Unidad 3 pág. 31 Javier Andrada (mapa), Unidad 5 pág. 46 Laura Gutiérrez
Fotografías: Frank Kalero *excepto:* Unidad 1 págs. 9 y 10 Programas Internacionales del TEC de Monterrey (Campus Monterrey), pág. 10 Unidad 1 pág. 16 Secretaría de Turismo de la nación de la República de Argentina (tango) / Unidad 2 pág. 17 Programas Internacionales del TEC de Monterrey (Campus Monterrey), pág. 18 Programas Internacionales del TEC de Monterrey (Campus Monterrey) (chica y excursión), Isabel Aranda (mercado) / Unidad 3 pág. 30 Secretaría de Turismo de la nación de la República de Argentina / Unidad 3 pág. 32 Miguel Raurich (carnaval), Secretaría de Turismo de la nación de la República de Argentina (glaciar), Nelson Souto (béisbol), Heinz Hebeisen (mujer maya) / Unidad 4 págs. 34 y 39 Isabel Aranda, pág. 40 Abigail Guzmán / Unidad 5 pág. 41 Isabel Aranda, pág. 42 Europa Press, pág. 44 Programas Internacionales del TEC de Monterrey (Campus Monterrey), pág. 48 Programas Internacionales del TEC de Monterrey (Campus Monterrey) (Oaxaca) / Unidad 6 pág. 54 Programas Internacionales del TEC de Monterrey (Campus Monterrey) (Berta) / Unidad 7 pág. 57 Heinz hebeisen, págs. 58 y 63 Abigail Guzmán, pág. 64 Abigail Guzmán (A y D) / Unidad 8, pág. 66 Europa Press, pág. 67 Miguel Ángel Chazo, pág. 71 Filmoteca Española, pág. 72 Filmoteca UNAM, Filmoteca Española (*Ahí está el detalle*) / Unidad 9 pág. 73 Heinz Hebeisen, pág. 75 Jordi Sangenís, pág. 80 Miguel Raurich (Little Havana) / Unidad 10 pág. 88 Jordi Sangenís (San Cristóbal), Programas Internacionales del TEC de Monterrey (Campus Monterrey) (Monterrey), Secretaría de Turismo de Querétaro (Querétaro) / MÁS EJERCICIOS pág. 92 Programas Internacionales del TEC de Monterrey (Campus Monterrey) (Monterrey), Jordi Sangenís (Oaxaca), pág. 109 Abigail Guzmán, pág. 115 Filmoteca Española, pág. 116 Europa Press, págs. 130, 121 y 123 Programas Internacionales del TEC de Monterrey (Campus Monterrey) / MÁS INFORMACIÓN pág. 140 Miguel Raurich, pág. 141 Pau Cabruja, págs. 142 y 143 Miguel Raurich

© José María López Sanfeliu (Kiko Veneno), "Cuando me levanto", L.L. Editorial

Agradecimientos: Albert Roquet, Rosario Fernández, Begoña Montmany, Carmen Soriano, LL editorial, Estudios CYO

© Los autores y Difusión, S.L. Barcelona 2004
ISBN: 978-84-8443-261-6
Depósito legal: B-13.665-2010
Impreso en España por Novoprint
Reimpresión: marzo 2010

difusión
Centro de
Investigación y
Publicaciones
de Idiomas, S. L

c/ Trafalgar, 10, entlo. 1ª
08010 Barcelona
Tel.: (+34) 93 268 03 00
fax: (+34) 93 310 33 40
editorial@difusion.com
www.difusion.com

AULA LATINA

1

María Elena Arévalo
Edith Bautista
Jaime Corpas
Eva García
Helena Jiménez
Agustín Garmendia

Coordinación pedagógica
Neus Sans

INTRODUCCIÓN

El proyecto *AULA LATINA* nace como respuesta a la necesidad creciente de materiales didácticos adecuados a la enseñanza del español como lengua extranjera en México.

En los últimos años, México se ha convertido en un destino educativo cada vez más atractivo y ha despertado el interés de personas de todo el mundo que quieren aprender, en el contexto latinoamericano, una lengua universal como el español. La enseñanza del español en México, por tanto, ha ido evolucionando y nuestros grupos de estudiantes constituyen actualmente verdaderas comunidades de aprendizajes multiculturales y plurilingües.

Hasta ahora, sin embargo, en México la oferta de materiales didácticos adecuados para la enseñanza del español es escasa y no siempre responde a las necesidades y a las condiciones de los proyectos educativos de los centros dedicados a la enseñanza del español como lengua extranjera.

Merece la pena señalar que la gran mayoría de los materiales al alcance de los docentes mexicanos está elaborada por especialistas extranjeros y se dirige a un público con características diferentes. Dichos materiales, además, están diseñados para ser utilizados en entornos educativos distintos a los de México o Centroamérica y, por tanto, no reflejan fielmente nuestro uso de la lengua ni los rasgos de nuestra cultura.

De esta situación surge la idea de publicar *AULA LATINA*. Un equipo de autores, con amplia experiencia en el diseño de materiales didácticos, asesorados por numerosos colegas de diversos centros que les han ayudado a tener una visión de conjunto de las características y de las necesidades de los cursos de E/LE en México, han abordado la elaboración de *AULA LATINA* con el objetivo de dar respuesta a las necesidades del profesorado mexicano.

AULA LATINA constituye un material didáctico completo y coherente que, teniendo en cuenta los distintos estilos de aprendizaje, logra integrar con éxito la práctica de las habilidades comunicativas, la reflexión gramatical y el conocimiento y la comprensión de las diferentes culturas hispanoamericanas. El manual responde de esta forma a las necesidades planteadas por los docentes de español como lengua extranjera en México.

Organización del material

En muchos casos, nuevos alumnos se incorporan a los cursos cuando ya se han realizado algunas sesiones y no todos los alumnos permanecen el mismo número de semanas. *AULA LATINA* está estructurado de tal manera que facilita la labor de coordinación de los diferentes profesores a cargo de un mismo curso. Las unidades didácticas permiten a los alumnos abordar un contenido variado, tanto desde el punto de vista lingüístico como del temático y del cultural.

Programación

Como en cualquier contexto de aprendizaje, en los cursos intensivos, la presentación y la práctica de nuevos contenidos debe adecuarse al ritmo de aprendizaje y a las expectativas de los alumnos. En concreto, en este tipo de cursos, la progresión debe estar muy medida por razones obvias: la capacidad de procesar información y de construir conocimiento lingüístico de un individuo en dos, tres o cuatro semanas es forzosamente limitada. *AULA LATINA* está articulado cuidadosamente para guardar el equilibrio entre una abundante selección de contenidos y muchas ocasiones para retomar y afianzar el manejo de aspectos lingüísticos ya abordados en unidades o en niveles anteriores.

Características metodológicas del material

En los cursos intensivos, más que en cualquier otro tipo de cursos, se precisa un trabajo especialmente compensado entre la práctica de destrezas comunicativas y la reflexión gramatical. Un alumnado en situación de inmersión, que evalúa diariamente sus progresos en un entorno hispanohablante, aspira a obtener resultados tangibles e inmediatos en ambos frentes.

En este sentido, las actividades de *AULA LATINA* son muy variadas tanto en sus contenidos como en las dinámicas de aula que propician. Las destrezas implicadas en cada actividad y los procesos cognitivos que impulsan están hábilmente combinados para que cada día de trabajo resulte un todo coherente y equilibrado: debe haber momentos para lo lúdico y tiempo para la reflexión, actividades en grupos y tareas individuales, atención a aspectos formales e interacción significativa entre los miembros del grupo, tiempo para el estudio y para la práctica de la lengua, y materiales para el descubrimiento de la cultura.

ÍNDICE

CÓMO ES AULA LATINA

Cada volumen consta de 10 unidades didácticas que presentan la siguiente estructura:

1. COMPRENDER

Se presentan textos y documentos muy variados, que contextualizan los contenidos lingüísticos y comunicativos básicos de la unidad, frente a los que los alumnos desarrollan fundamentalmente actividades de comprensión.

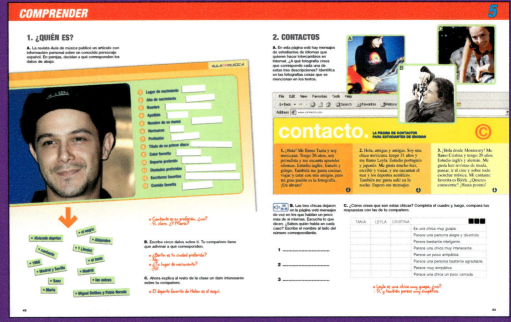

2. EXPLORAR Y REFLEXIONAR

En el segundo bloque, los alumnos realizan un trabajo de observación de la lengua a partir de nuevas muestras o de pequeños corpus. Se trata de ofrecer un nuevo soporte para la tradicional clase de gramática con el que los alumnos, dirigidos por el material y por el profesor, descubren el funcionamiento de la lengua en sus diversos niveles (morfológico, léxico, sintáctico, funcional, discursivo…). Se trata, por tanto, de ofrecer herramientas alternativas para potenciar y para activar el conocimiento explícito de reglas, sin tener que caer en una clase magistral de gramática.

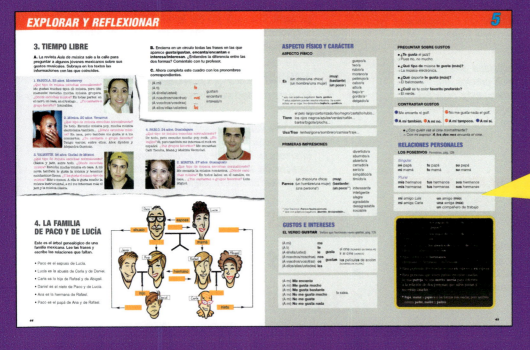

En el mismo apartado se presentan esquemas gramaticales y funcionales a modo de cuadros de consulta. Con ellos, se ha perseguido, ante todo, la claridad, sin renunciar a una aproximación comunicativa y de uso a la gramática.

3. PRACTICAR Y COMUNICAR

El tercer bloque está dedicado a la práctica lingüística y comunicativa. Incluye propuestas de trabajo muy variadas, pero que siempre consideran la significatividad y la implicación del alumno en el uso de la lengua. En una primera parte, el objetivo es experimentar el funcionamiento de reglas en actividades en las que se focaliza una u otra forma lingüística y que podríamos llamar "microtareas comunicativas". Muchas de las actividades que encontramos en esta sección están basadas en la experiencia del alumno en un contexto hispanohablante: sus observaciones y su percepción del entorno se convierten en material de reflexión intercultural y en un potente estímulo para la interacción comunicativa dentro del grupo-clase.

En la segunda parte de esta sección, se proponen una o varias tareas cuyo objetivo es ejercitar verdaderos procesos de comunicación en el seno del grupo, que implican diversas destrezas y que se concretan en un producto final escrito u oral (una escenificación, un póster, la resolución negociada a un problema, etc.).

4. VIAJAR

El último bloque de cada unidad incluye materiales con contenido cultural (textos informativos, canciones, poesía, juegos...) que ayudan al alumno a comprender mejor la realidad cotidiana y cultural de los países de habla hispana.

Además, el libro se completa con las siguientes secciones:

MÁS EJERCICIOS

En este apartado se proponen nuevas actividades de práctica formal que estimulan la reflexión y la fijación de los aspectos lingüísticos presentados en las diferentes unidades. Los ejercicios están diseñados de modo que los alumnos los puedan realizar de forma autónoma, aunque también pueden ser utilizados en la clase a modo de recapitulación de aspectos gramaticales y léxicos de la unidad.

MÁS GRAMÁTICA

Además del apartado de gramática incluido en cada unidad, el libro cuenta con una sección que aborda de forma más extensa y detallada todos los puntos gramaticales de las diferentes unidades.

MÁS INFORMACIÓN

Al final del libro se incluye un anexo con información útil sobre diferentes temas: mapas de España y de América Latina y una serie de fichas enciclopédicas de los diferentes países de habla hispana.

1

NOSOTROS

En esta unidad vamos a
conocer a los compañeros de clase

Para ello vamos a aprender:

> a dar y a pedir datos personales (el nombre, la edad...)
> a saludar y a despedirnos
> recursos para preguntar sobre las palabras
> el género > las tres conjugaciones: **-ar, -er, -ir**
> los verbos **ser**, **tener** y **llamarse** > los números del 1 al 100
> el abecedario > las nacionalidades

1. ¡HOLA! ¿QUÉ TAL?

A. Para empezar a conocer a tus compañeros, salúdalos y preséntate.

B. Ahora, para que tus compañeros recuerden tu nombre, escríbelo en un papel y ponlo encima de tu mesabanco.

2. PALABRAS EN ESPAÑOL

A. Seguro que ya sabes muchas palabras en español. ¿Cuántas de las siguientes entiendes? Márcalas. Luego, coméntalas con un compañero.

1	uno	11	once
2	dos	12	doce
3	tres	13	trece
4	cuatro	14	catorce
5	cinco	15	quince
6	seis	16	dieciséis
7	siete	17	diecisiete
8	ocho	18	dieciocho
9	nueve	19	diecinueve
10	diez	20	veinte

peso  estación libro

diccionario *Perfumería* AULA CALLE

escuela Plaza BAR HOTEL RESTAURANTE

aeropuerto *música* teléfono TELEVISIÓN

 MUSEO Metro

● Yo comprendo ocho palabras: taxi, teatro...
○ Yo...

3. ESTUDIANTES DE ESPAÑOL

A. Todas estas personas estudian español excepto una. ¿Puedes identificarla?

Hola, soy Gibson. Soy brasileño y trabajo de cocinero.

Me llamo Keiko. Soy japonesa. Trabajo en una empresa de sistemas computacionales. Soy secretaria.

Hola, mi nombre es Ana. Soy argentina y soy profesora de español.

Me llamo Ulrich. Soy alemán y soy estudiante de Arquitectura.

Hola, soy Paola. Soy italiana, de Nápoles. Soy periodista.

B. Ahora vas a escuchar las palabras anteriores. Escribe al lado el número según el orden en que las escuches.

CD 1

_ taxi	_ teléfono	_ música	_ calle
_ teatro	_ hotel	_ estación	_ televisión
_ perfumería	_ plaza	_ peso	_ museo
_ diccionario	_ bar	_ aeropuerto	_ aula
_ restaurante	_ libro	_ escuela	_ metro

C. ¿Qué otras palabras o expresiones conoces en español? Haz una lista. Después, compárala con la de un compañero. ¿Hay alguna palabra nueva para ti? Añádela a tu lista.

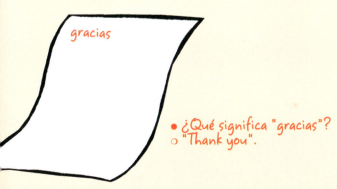

Hola, ¿qué tal? Me llamo Frida. Soy sueca y trabajo en una agencia de viajes.

gracias

• ¿Qué significa "gracias"?
○ "Thank you".

B. ¿Puedes presentarte tú ahora?

• Hola, me llamo Paul, soy inglés y trabajo en un banco.

4. EN LA RECEPCIÓN

CD 2-5 **A.** En la recepción de una escuela de español hay cuatro estudiantes. La secretaria les pide sus datos personales. Escucha y completa los datos que faltan en cada ficha.

1. **Nombre:** Paulo
   Apellido: de Souza
   Nacionalidad: ....
   Edad: ....
   Profesión: estudiante

3. **Nombre:** ....
   Apellido: Johnson
   Nacionalidad: estadounidense
   Edad: 24
   Profesión: ....

2. **Nombre:** Daniel
   Apellido: Vigny
   Nacionalidad: francés
   Edad: ....
   Profesión: ....

4. **Nombre:** ....
   Apellido: Bavaresco
   Nacionalidad: ....
   Edad: 32
   Profesión: dentista

- Mary   - italiana
- 27   - mesero
- enfermera   - 19
- Rita   - brasileño

CD 2-5 **B.** Ahora vuelve a escuchar. ¿Sabes para qué sirven las siguientes preguntas?

PREGUNTAS

¿Cómo te llamas?
¿Cuántos años tienes?
¿A qué te dedicas?
¿Cuál es tu nombre?
¿En qué trabajas?
¿De dónde eres?

PARA PREGUNTAR
O PARA SABER:

el nombre
la nacionalidad
la edad
la profesión

5. PASATIEMPOS

A. Aquí tienes una lista de pasatiempos. Relaciónalos con la imagen correspondiente.

1. cocinar
2. ver la tele
3. el esquí
4. ir al gimnasio
5. cantar
6. el tenis
7. salir en la noche
8. leer novelas
9. jugar futbol
10. escribir
11. coleccionar estampillas

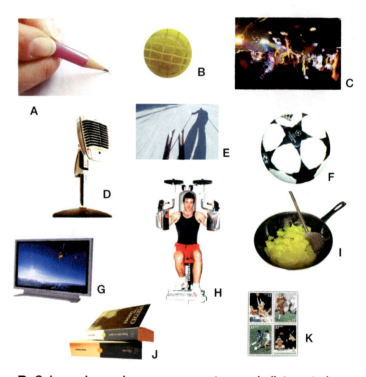

B. Subraya los verbos que encuentres en la lista anterior y observa su terminación. ¿Cuáles son las tres formas en las que pueden terminar los verbos en español?

....

6. LETRAS Y SONIDOS

CD 6 Escucha las siguientes palabras y escríbelas en la columna correspondiente según el sonido de su primera letra.

casa   ciudad   gorro   cena
guitarra   gerente   Quito   jugar
querer   Zapata   gitano   gato
siete   jamón   José   kilo

/k/	/s/	/x/	/g/

ABECEDARIO Alfabeto, pág. 126

A	a	H	hache	Ñ	eñe	U	u
B	be	I	i	O	o	V	uve
C	ce	J	jota	P	pe	W	doble ve
D	de	K	ca	Q	cu	X	equis
E	e	L	ele	R	erre	Y	i griega
F	efe	M	eme	S	ese	Z	ceta
G	ge	N	ene	T	te		

DATOS PERSONALES

¿Cómo te llamas/se llama?	**(Me llamo)** Daniel.
¿Cuál es tu/su nombre?	Daniel.
¿Cuál es tu/su apellido?	Vigny.
¿De dónde eres/es?	**Soy** alemán.
	(Soy) de Berlín.
¿Eres/Es francesa?	**No, soy** italiana.
	Sí, (soy) de París.
¿Cuántos años tienes/tiene?	23.
	Tengo 23 **años.**
¿En qué trabajas/trabaja?	**Soy** profesor.
¿A qué te dedicas/se dedica?	**Trabajo en** un banco.
	Trabajo de mesero.

NÚMEROS Numerales, pág. 127

0	**cero**	16	**dieciséis**	32	**treinta y dos**
1	**uno**	17	**diecisiete**	33	**treinta y tres**
2	**dos**	18	**dieciocho**	34	**treinta y cuatro**
3	**tres**	19	**diecinueve**	35	**treinta y cinco**
4	**cuatro**	20	**veinte**	36	**treinta y seis**
5	**cinco**	21	**veintiuno**	37	**treinta y siete**
6	**seis**	22	**veintidós**	38	**treinta y ocho**
7	**siete**	23	**veintitrés**	39	**treinta y nueve**
8	**ocho**	24	**veinticuatro**	40	**cuarenta**
9	**nueve**	25	**veinticinco**	50	**cincuenta**
10	**diez**	26	**veintiséis**	60	**sesenta**
11	**once**	27	**veintisiete**	70	**setenta**
12	**doce**	28	**veintiocho**	80	**ochenta**
13	**trece**	29	**veintinueve**	90	**noventa**
14	**catorce**	30	**treinta**	99	**noventa y nueve**
15	**quince**	31	**treinta y uno**	100	**cien**

SALUDAR Y DESPEDIRSE

Buenos días.
Buenas tardes.
Buenas noches.

¡Hola!
Hola, ¿qué tal?

¡Adiós!
¡Hasta luego!

Hola, ¿qué tal? ¿Cómo estás?

Bien, ¿y tú?

Muy bien

EL GÉNERO Género, pág. 128
EN LAS NACIONALIDADES

masculino	femenino
-o	**-a**
italian**o**	italian**a**
brasileñ**o**	brasileñ**a**
mexican**o**	mexican**a**
-consonante	**-consonante + a**
alemán	aleman**a**
japonés	japones**a**

masculino y femenino
bel**ga**
iran**í**
estadounid**ense**

EN LAS PROFESIONES

masculino	femenino	masculino y femenino
meser**o**	meser**a**	period**ista**
cociner**o**	cociner**a**	deport**ista**
secretari**o**	secretari**a**	estudiante

LAS TRES CONJUGACIONES Verbos, pág. 135

Primera conjugación: **-ar**	Segunda conjugación: **-er**	Tercera conjugación: **-ir**
estudi**ar**	le**er**	escrib**ir**
cant**ar**	ten**er**	**ir**
cocin**ar**	s**er**	viv**ir**
habl**ar**	hac**er**	sal**ir**

SER, TENER Y LLAMARSE Presente de Indicativo, pág. 135

	ser	**tener**	**llamarse**
(yo)	soy	tengo	me llamo
(tú)	eres	tienes	te llamas
(él/ella/usted)	es	tiene	se llama
(nosotros/nosotras)	somos	tenemos	nos llamamos
(vosotros/vosotras)	sois	tenéis	os llamáis
(ellos/ellas/ustedes)	son	tienen	se llaman

7. LAS COSAS DE LA CLASE

¿Saben los nombres de las cosas de la clase? En parejas, anoten los nombres que saben y pregunten a sus compañeros o al profesor los que no saben. ¿Quién sabe más palabras?

> **¿Cómo se llama** esto **en español?**
> **¿Cómo se escribe** "ventana"? ¿Con be o con uve?
> **¿Cómo se dice** "TV" **en español?**

8. LA FIESTA

CD 7-9 **A.** Juan, un profesor de español, organizó una fiesta para sus alumnos y para algunos amigos. Escucha y marca en su lista de invitados las personas que están en la fiesta.

ELVIRA

JOSÉ ANTONIO

ALICE

PIET

MONTSE

SUKIO

ERNESTO

ANDREA

PETER

EVA

ANA

STEPHANIE

JUDITH

ROSARIO

CATRINA

PILAR

CD 7-9 **B.** Ahora, escucha otra vez y completa estas frases con la información que tienes de cada una de las personas.

NOMBRES	■■■
1 Peter	es ....
2	es ....
3	es ....
4	es ....
5	es ....
6	es ....

CD 10 **C.** Imagina que tú estás en la fiesta. Algunas personas hablan contigo. ¿Cómo reaccionas?

1 ....
2 ....
3 ....
4 ....

9. PARES E IMPARES

Vamos a dividir la clase en alumnos que tienen edades de número par y alumnos que tienen edades de número impar. Pregunta a tus compañeros y forma un grupo. Luego, colóquense por orden, del más joven al mayor.

10. LOS COMPAÑEROS DE CLASE

Vamos a hacer un póster de presentación de la clase. Cada uno es el responsable de anotar los datos de un compañero. Después, pueden colgar el póster en una pared del aula. Pueden poner también una foto o una caricatura.

¿Cómo te llamas?
¿De dónde eres?
¿De qué ciudad/región?
¿Cuántos años tienes?
¿A qué te dedicas?
¿Qué pasatiempos tienes?

```
NOMBRE:
APELLIDO:
PAÍS DE ORIGEN:
CIUDAD:
EDAD:
PROFESIÓN:
PASATIEMPOS:
```

NUESTRA CLASE

```
NOMBRE Gilbert
APELLIDO Sardou
PAÍS DE ORIGEN Francia
CIUDAD Brest
EDAD 26
PROFESIÓN mesero
PASATIEMPOS los deportes náuticos
```

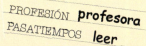

```
NOMBRE Irina
APELLIDO Wagner
PAÍS DE ORIGEN Alemania
CIUDAD Berlín
EDAD 31
PROFESIÓN profesora
PASATIEMPOS leer
```

VIAJAR

11. MÚSICA LATINA

CD 11-14 **A.** Vas a escuchar cuatro fragmentos de música de algunos países en los que se habla español. ¿De qué país crees que es cada una?

- México
- Cuba
- Guatemala
- Honduras
- El Salvador
- Nicaragua
- Costa Rica
- Panamá
- Colombia
- Ecuador
- Perú
- Bolivia
- Chile
- Paraguay
- Argentina
- Uruguay
- España
- República Dominicana
- Puerto Rico
- Venezuela

B. Ahora, lee este pequeño texto y relaciona cada párrafo con una de las fotografías.

La música de mariachi *es típica de México. El conjunto tiene ocho músicos, que tocan diversos instrumentos, como la guitarra, el violín y la trompeta. Esta música es muy popular en bodas, cumpleaños y fiestas de quinceañeras.*

Los cubanos tocan y bailan la salsa y el son. *El son tiene su origen en melodías africanas, españolas e indígenas. La salsa es un baile sensual, muy popular entre los jóvenes de toda Latinoamérica.*

El flamenco es una música y un baile típicos del sur de España. El instrumento principal es la guitarra, que normalmente se acompaña con las palmas.

El tango es argentino. Este elegante baile nace en los barrios pobres de Buenos Aires. El tango tiene un objetivo: la seducción. Hoy es conocido en todo el mundo.

12. SALUDOS Y DESPEDIDAS

CD 15 El español es una lengua que hablan unos 400 millones de personas. Todos hablan el mismo idioma, pero hay diferencias. Estas son maneras de saludarse y de despedirse entre amigos. ¿Cuáles crees que son saludos (S)? ¿Cuáles despedidas (D)?

		S	D
1. Argentina	Hola, ¿qué tal? ¿Todo bien?		
2. Venezuela	Chao y hasta la próxima.		
3. Cuba	Hasta luego.		
4. Argentina	Chau, nos vemos.		
5. Venezuela	Hola, ¿cómo están?		
6. Cuba	Hola, ¿qué tal?		
7. España	Adiós, hasta luego.		
8. México	¿Qué onda? ¿Cómo estás?		

2
QUIERO
APRENDER ESPAÑOL

En esta unidad vamos
decidir qué queremos hacer
en este curso de español

Para ello vamos a aprender:

> a expresar intenciones > a expresar intereses
> a explicar los motivos de lo que hacemos
> el Presente de Indicativo (verbos terminados
en **-ar/-er/-ir**) > algunos usos de **a**, **con**,
de, **por** y **para** > el artículo determinado
> los pronombres personales sujeto

1. DOS SEMANAS EN MÉXICO

A. Judy está en Monterrey para hacer un curso de español durante un semestre. Hoy es su segundo día de clase. ¿Cuáles de las cosas de la lista quiere hacer en estos meses? Márcalas.

- ☐ aprender español
- ☐ hacer ejercicio
- ☐ ir al cine
- ☐ ir a museos
- ☐ salir en la noche
- ☐ conocer la ciudad
- ☐ ir al teatro
- ☐ aprender a cocinar
- ☐ tomar fotos
- ☐ trabajar
- ☐ ir de compras
- ☐ ir de excursión
- ☐ ir al mercado

● Judy quiere salir en la noche...

B. ¿Y tú? ¿Qué quieres hacer en los próximos meses? Coméntalo con tus compañeros.

● Yo quiero conocer gente, aprender español y salir en la noche. ¿Y tú?
○ Yo también. Y además quiero ir al teatro.
■ Pues yo quiero ir de excursión a...

2. ¿TE INTERESAN ESTAS ACTIVIDADES?

A. Imagina que en tu escuela te ofrecen las siguientes actividades. Marca las tres que más te interesan.

Cursos especiales

- Curso de salsa
- Curso de guitarra
- Curso de cocina mexicana
- Curso de literatura mexicana y latinoamericana
- Curso de cine
- Curso de teatro
- Curso de pronunciación
- Curso de gramática
- Curso de historia

EXCURSIONES

- Día de playa
- Visita a Querétaro, a Guanajuato y a Michoacán
- Visita a la Cd. de México y a Puebla
- Visita de fin de semana a Guadalajara y a Mazatlán
- Visita a Oaxaca y a Chiapas

CLUB SOCIAL

- Cena de intercambio con estudiantes mexicanos que quieren practicar inglés, francés y otras lenguas

- Noche mexicana (salida con estudiantes y profesores de la escuela para conocer uno de los mejores restaurantes de comida típica de la ciudad)

- Noche de antros (salida con estudiantes mexicanos a bares y a discotecas)

B. Ahora, compara tus respuestas con las de tus compañeros. ¿Cuáles son las tres actividades que más interesan a la clase?

- A mí me interesan el curso de historia, la visita a Oaxaca y a Chiapas y la noche mexicana.
- Pues a mí me interesan los cursos de teatro, de cine y de salsa.

3. ¿POR QUÉ ESTUDIAN ESPAÑOL?

A. Todas estas personas estudian español. ¿Por qué crees que lo hacen?

A. Para viajar por Sudamérica.
B. Por mi trabajo.
C. Porque mi novia es colombiana.
D. Para leer en español.
E. Para chatear con mis amigos.
F. Porque quiero vivir en México.

 CD 16 **B.** Ahora, escucha y comprueba.

4. ¿ESTUDIAS O TRABAJAS?

A. Subraya los verbos que aparecen en los dibujos.

¿Estudias o trabajas?

Yo estudio y mi novio trabaja aquí

¿Estudian o trabajan?

Nosotros estudiamos y ellas trabajan aquí

B. Escribe los verbos que subrayaste al lado del pronombre personal correspondiente. Después, completa el cuadro con las formas que faltan.

	estudiar	trabajar
(yo)	....	....
(tú)	....	....
(él/ella/usted)	....	....
(nosotros/nosotras)	....	....
(vosotros/vosotras)	....	....
(ellos/ellas/ustedes)	....	....

C. ¿Puedes conjugar ahora el verbo **practicar** en Presente?

5. QUIERO, QUIERES, QUIERE...

A. Además de aprender español, ¿cuáles de estas cosas quieres hacer en el futuro? Elige dos y márcalas.

☐ viajar por Latinoamérica
☐ aprender otros idiomas
☐ vivir en México
☐ tener hijos
☐ escribir un libro
☐ encontrar novio/a
☐ ser millonario/a
☐ tener una casa muy grande
☐ ser famoso/a
☐ ir a la Luna
☐ vivir 100 años

B. Ahora, pregunta a tus compañeros. Luego, con tus respuestas y con las de tus compañeros, completa las frases como en el ejemplo.

1. (Yo) Quiero *ser famoso y tener una casa muy grande.*
2. Mi compañero/a *Joe* quiere *ir a la Luna y vivir 100 años.*
3. *Anne* y yo queremos *ser famosos.*
4. *Laetitia* y *Michael* quieren *viajar por Latinoamérica y aprender otros idiomas.*

1. (Yo) Quiero ....
2. Mi compañero/a .... quiere ....
   ....
3. .... y yo queremos ....
4. .... y .... quieren ....
   ....

C. ¿Puedes conjugar ahora el verbo **querer**?

	querer
(yo)	....
(tú)	quieres
(él/ella/usted)	....
(nosotros/nosotras)	....
(vosotros/vosotras)	queréis
(ellos/ellas/ustedes)	....

D. Ahora, compara el verbo **querer** con otro acabado en **-er**: **aprender**. ¿Tienen las mismas terminaciones? ¿En qué se diferencian?

	aprender
(yo)	aprendo
(tú)	aprendes
(él/ella/usted)	aprende
(nosotros/nosotras)	aprendemos
(vosotros/vosotras)	aprendéis
(ellos/ellas/ustedes)	aprenden

EXPRESAR INTENCIONES

	querer	+ Infinitivo
(yo)	quiero	
(tú)	quieres	
(él/ella/usted)	quiere	viajar
(nosotros/nosotras)	queremos	tener hijos
(vosotros/vosotras)	queréis	ir a la Luna
(ellos/ellas/ustedes)	quieren	

- ● ¿Qué **quieren hacer** estos dos meses?
- ○ Yo **quiero conocer** gente, **aprender** español…
- ■ Pues yo **quiero salir** en la noche y **encontrar** novia.

EXPRESAR INTERESES
Verbos que funcionan como gustar, pág. 135

(A mí)	**me**	
(A ti)	**te**	
(A él/ella/usted)	**le**	interes**a el curso** de gramática
(A nosotros/nosotras)	**nos**	interes**an los cursos** de cocina
(A vosotros/vosotras)	**os**	
(A ellos/ellas/ustedes)	**les**	

- ● ¿A ustedes qué curso **les interesa**?
- ○ **A mí me interesa** el curso de teatro.
- ■ **A mí**, el de cocina.

HABLAR DE MOTIVOS Porque, Por qué, pág. 135

	Porque + verbo conjugado
	Porque quiero vivir en México.
Por qué + verbo conjugado	**Para** + Infinitivo
¿**Por qué** estudias español?	**Para** viajar por Latinoamérica.
	Por + sustantivo
	Por mi trabajo.

PRONOMBRES PERSONALES SUJETO
En función de sujeto, pág. 131

	Singular	Plural
1ª persona	yo	nosotros/nosotras
2ª persona	tú/usted*	vosotros/vosotras/ustedes*
3ª persona	él/ella	ellos/ellas

*Usted y ustedes van con las formas verbales de 3ª persona. En Latinoamérica, en lugar de **vosotros** se usa **ustedes**.

PRESENTE DE INDICATIVO: VERBOS REGULARES TERMINADOS EN -AR
Presente de Indicativo, pág. 135

	hablar
(yo)	habl**o**
(tú)	habl**as**
(él/ella/usted)	habl**a**
(nosotros/nosotras)	habl**amos**
(vosotros/vosotras)	habl**áis**
(ellos/ellas/ustedes)	habl**an**

Otros verbos: **estudiar, trabajar, viajar, bailar, visitar…**

PRESENTE DE INDICATIVO: VERBOS REGULARES TERMINADOS EN -ER/-IR
Presente de Indicativo, pág. 135

	comprender	escribir
(yo)	comprend**o**	escrib**o**
(tú)	comprend**es**	escrib**es**
(él/ella/usted)	comprend**e**	escrib**e**
(nosotros/nosotras)	comprend**emos**	escrib**imos**
(vosotros/vosotras)	comprend**éis**	escrib**ís**
(ellos/ellas/ustedes)	comprend**en**	escrib**en**

Otros verbos: **leer, aprender, comer, vivir, descubrir…**

VERBOS Y PREPOSICIONES Preposiciones, pág. 133

Quiero	**conocer** **visitar**	a mis compañeros de clase. la ciudad.
Quiero	**aprender** **practicar** **estudiar**	español.
Quiero	**descubrir**	la ciudad.
Quiero	**ir**	a la playa / al* cine / a bailar. de compras.
Quiero	**tomar**	muchas fotos.
Quiero	**salir**	a bailar. con mis compañeros. en/por la noche.

(***al** = a + el)

EL ARTÍCULO DETERMINADO
Artículo determinado, pág. 128

		Singular	Plural
Masculino		**el** pueblo **el** museo **el** curso	**los** pueblo**s** **los** museo**s** **los** curso**s**
Femenino		**la** playa **la** fiesta **la** discoteca	**las** play**as** **las** fiest**as** **las** discotec**as**

- ● Me interesan **los** museos y **la** historia.

En general, los sustantivos acabados en **-o** son masculinos y los acabados en **-a** son femeninos. Hay, sin embargo, numerosas excepciones: **el idioma, el sofá, la mano, la moto**… Los acabados en **-e** pueden ser masculinos y/o femeninos: **la gente, el/la estudiante**… ¡Atención! Las palabras femeninas que empiezan en **a** tónica usan en singular el artículo determinado **el: el aula, el arte**…

6. ¿QUÉ COSAS TE INTERESAN DE MÉXICO?

A. Prepara frases con las cosas que te interesan y platícaselo a un compañero.

la **historia**	la **vida nocturna**
la **gente**	la **política**
la **comida**	los **pueblos**
el **cine**	la **naturaleza**
el **arte**	las **playas**
la **literatura**	las **fiestas**
la **cultura**	los **toros**
la **música**	los **museos**

- A mí me interesan los museos y la historia.
- Pues a mí me interesa la vida nocturna y...

B. Ahora, informa al resto de la clase de lo que averiguaste de tu compañero.

- A Kelly le interesan la vida nocturna, la música, la gente y el arte.

7. LUGARES INTERESANTES

A. ¿Conoces la ciudad en la que estás? Completa las cuatro fichas con nombres de lugares interesantes. Puedes pedir ayuda a tu profesor.

Edificios y monumentos

Museos

Ciudades o pueblos cercanos

Bares y discotecas

B. ¿Cuáles de los lugares que no conoces quieres conocer?

- Yo quiero ir a...

8. ¿QUÉ IDIOMAS HABLAS?

A. Seguro que en tu clase tienes compañeros que hablan más de un idioma. ¿Por qué no se lo preguntas? Anota su nombre al lado de cada idioma.

	muy bien.
Hablo inglés	bastante bien.
	más o menos. = Hablo **un poco de** inglés.
	pero muy mal.

IDIOMAS	NOMBRES
inglés	
francés	
italiano	
portugués	
alemán	
japonés	
ruso	
otros:	

● ¿Qué idiomas hablas?
○ Yo hablo italiano porque es mi lengua materna, hablo alemán bastante bien y un poco de francés.

B. ¿Alguien de la clase habla más de dos idiomas? ¿Y más de tres? ¿Y más de cuatro? ¿Quién puede ser el traductor oficial de la clase?

9. ¿QUÉ QUIERES HACER EN ESTE CURSO?

A. Marca las tres cosas que más te interesa hacer en este curso.

- ☐ LEER PERIÓDICOS Y REVISTAS EN ESPAÑOL
- ☐ ESCUCHAR CANCIONES EN ESPAÑOL
- ☐ HACER EJERCICIOS DE GRAMÁTICA
- ☐ LEER POESÍA Y LITERATURA
- ☐ HABLAR MUCHO EN CLASE
- ☐ ESCUCHAR GRABACIONES
- ☐ PRACTICAR LA PRONUNCIACIÓN
- ☐ VER PELÍCULAS EN ESPAÑOL
- ☐ ESCRIBIR POSTALES
- ☐ IR DE EXCURSIÓN POR LA CIUDAD CON LOS COMPAÑEROS DE CLASE
- ☐ HACER JUEGOS PARA APRENDER ESPAÑOL
- ☐ APRENDER A PREPARAR PLATILLOS TÍPICOS
- ☐ TRADUCIR

...

B. En grupos pequeños, decidan tres cosas que quieren hacer todos en este curso.

● Yo quiero hablar mucho en clase, ver películas en español y leer periódicos y revistas. ¿Y tú?
○ A mí me interesa escuchar canciones...

C. Ahora, completen el texto y comenten al resto de la clase sus preferencias.

En este curso, nosotros queremos...

10. ¡TE QUIERO!

A. Aquí tienes la letra de una canción del compositor Manuel Alejandro y un poema de amor. Léelos.

Para Margarita, de Amador,
San Valentín, 2005

Amar y querer

Casi todos sabemos querer,
pero pocos sabemos amar,
es que amar y querer no es igual,
amar es sufrir, querer es gozar.

El que ama pretende sentir,
el que ama su vida la da,
y el que quiere, pretende vivir
y nunca sufrir y nunca sufrir.

El amar es el cielo y la luz,
el amar es total plenitud,
es el mar que no tiene final,
es la gloria y la paz,
es la gloria y la paz.

Tú eres el aire
que quiero besar,
tú eres el cuerpo
que quiero sentir.

Tú eres la rosa
que quiero mirar,
tú eres la luz
que quiero seguir.

Tú eres la idea
que quiero soñar,
tú eres la vida
que quiero vivir.

Besar, sentir, mirar,
seguir, soñar, vivir...

¡Te quiero!

B. ¿Por qué no escribes ahora tú un breve texto para una tarjeta de San Valentín?

11. TE QUIERO PERO... ¿EN QUÉ IDIOMA?

¿En cuántos idiomas sabes decir "te quiero"? Aquí tienes una lista de maneras de decir "te quiero" en muchos idiomas. ¿Puedes reconocer algunas? Relaciona las frases con los idiomas. Tu profesor sabe las soluciones.

1. **Ich liebe Dich**
2. **I love you**
3. **Ya tyebya lyublyu**
4. **S'agapó**
5. **Ik hou van jou**
6. **Je t'aime**
7. **Aloha i'a au oe**
8. **Eu te amo**
9. **Kimi o ai shiteru**
10. **Te quiero**

japonés
holandés
portugués
alemán
ruso
inglés
español
francés
griego
hawaiano

3

¿DÓNDE ESTÁ SANTIAGO?

En esta unidad vamos a

hacer un concurso de nuestros conocimientos sobre el mundo hispano

Para ello vamos a aprender:

> *a describir lugares y países* > *a expresar existencia*
> *a hablar de ubicación* > *a hablar del clima*
> *algunos usos de* **hay** > *el verbo* **estar** > *el superlativo*
> **un/una/unos/unas** > **mucho/mucha/muchos/muchas**
> **qué/cuál/cuáles/cuántos/cuántas/dónde/cómo**

1. POR LA PANAMERICANA

A. Lee el texto y observa el mapa. ¿Cuáles son los trece países que atraviesa la autopista **Panamericana**? Coméntalo con un compañero.

Los países de América Latina están unidos por una lengua común y por su cultura. Pero hay también otra cosa que los une: la autopista Panamericana. Esta famosa carretera recorre todo el oeste del continente americano, desde Alaska y Canadá en el norte hasta Chile en el sur. Esta ruta de 25 750 kilómetros pasa por 13 países, cruza paisajes espectaculares y se encuentra con una gran diversidad geográfica y climática: pasa por zonas de densa selva tropical y por altos y fríos puertos de montaña.

B. ¿A qué país crees que corresponde cada una de estas fichas?

1
Capital: Santiago
Lengua oficial: el español
Clima: seco en el norte, templado en el centro y frío en el sur
Moneda: el peso
Un producto importante: el cobre
Población: 15 millones
Un platillo típico: la empanada
Lugares de interés turístico: los Andes, la isla de Pascua

2
Capital: Montevideo
Lengua oficial: el español
Clima: templado
Moneda: el peso
Un producto importante: la carne
Población: 3 millones
Un platillo típico: el chivito
Lugares de interés turístico: las playas de Punta del Este

3
Capital: Caracas
Lengua oficial: el español
Clima: tropical
Moneda: el bolívar
Un producto importante: el petróleo
Población: 24 millones
Un platillo típico: las arepas
Lugares de interés turístico: la selva amazónica, Isla Margarita

C. Intenta hacer la ficha de México.

Capital: . . . .
Lengua oficial: . . . .
Clima: . . . .
Moneda: . . . .
Productos importantes: . . . .
Población: . . . .
Platillos típicos: . . . .
Lugares de interés turístico: . . . .

D. Ahora, escribe, desordenados, estos datos de tu país. Un compañero tiene que descubrir qué es cada información.

- La pizza es un platillo típico de tu país, ¿verdad?
- Sí.

• Ciudad de México

• Guadalajara, Monterrey, Cancún, Oaxaca

• el peso   • 100 millones

• el español   • petróleo, plata

• en el norte, desértico; en el centro, seco y templado; en el sur, caluroso y húmedo

• mole, chiles rellenos

2. JUEGA Y GANA

A. La cadena de supermercados Todoprix sortea un viaje a Argentina entre los clientes que contesten correctamente a estas preguntas. ¿Quieres intentarlo?

CONTESTA A ESTAS PREGUNTAS SOBRE ARGENTINA Y GANA UN FABULOSO VIAJE A BARILOCHE (ARGENTINA) PARA DOS PERSONAS CON TODOS LOS GASTOS PAGADOS EN UN FANTÁSTICO HOTEL DE CINCO ESTRELLAS.

SUPERMERCADOS TODOPRIX!

1. ¿CUÁL ES LA CAPITAL DE ARGENTINA?
   - A. BUENOS AIRES
   - B. BARILOCHE
   - C. ACAPULCO

2. ¿CUÁNTOS HABITANTES TIENE EL PAÍS?
   - A. UNOS 40 MILLONES
   - B. UNOS 10 MILLONES
   - C. 102 MILLONES

3. ¿CUÁNTAS LENGUAS OFICIALES HAY?
   - A. NINGUNA
   - B. DOS, EL ESPAÑOL Y EL LUNFARDO
   - C. UNA, EL ESPAÑOL

4. ¿HAY LLANURAS Y CORDILLERAS?
   - A. LLANURAS SÍ, PERO CORDILLERAS NO
   - B. HAY CORDILLERAS, PERO LLANURAS NO
   - C. SÍ, HAY LLANURAS Y CORDILLERAS

5. ¿DÓNDE ESTÁN LAS CATARATAS DE IGUAZÚ?
   - A. EN EL NORTE, EN EL LITORAL
   - B. EN EL CENTRO, EN LAS LLANURAS
   - C. EN EL SUR, EN PATAGONIA

6. ¿CUÁL ES LA MONEDA?
   - A. EL EURO
   - B. EL PESO
   - C. EL DÓLAR

7. ¿QUÉ ES LA "MILONGA"?
   - A. UNA MÚSICA TÍPICA
   - B. UNA LENGUA INDÍGENA
   - C. UN PLATILLO TÍPICO

8. ¿CÓMO ES EL CLIMA EN PATAGONIA?
   - A. TROPICAL Y LLUVIOSO
   - B. FRÍO Y HÚMEDO
   - C. SECO

9. ¿QUÉ ES EL "MATE"?
   - A. UN ESTADO
   - B. UNA FIESTA POPULAR
   - C. UNA BEBIDA

10. ¿QUÉ SON CÓRDOBA Y CHUBUT?
    - A. DOS PROVINCIAS
    - B. DOS RÍOS
    - C. LAS DOS MONTAÑAS MÁS ALTAS DEL PAÍS

ENVÍA TUS RESPUESTAS AL APARTADO DE CORREOS 09090 DE MÉXICO, D.F.

B. Compara tus respuestas con las de un compañero. ¿Quién acertó más? Tu profesor tiene las respuestas.

3. ¿DÓNDE ESTÁ?

A. Lola es una chica española que está de viaje por Latinoamérica. Lee el correo electrónico. ¿En qué país crees que está: en Guatemala, en Argentina o en Cuba?

Asunto: ¡Hola!

▷ Archivos adjuntos: *foto lola*

De: lolasantos@mimail.com
Para: juanypuri@tierra.net
Asunto: ¡Hola!

Hola papis: ¿Qué tal por Zaragoza? Yo, muy bien. Ahora estamos en _____, en la capital, que está en el centro del país. Este país es precioso. Hay unas playas maravillosas de arena negra que están en la costa del Pacífico. Son increíbles. Otra cosa fantástica es la comida. El plato más típico de aquí es el tamal: ¡riquísimo! Hay muchas culturas autóctonas pero en general todo el mundo habla español y la gente es muy amable. El clima es muy húmedo (llueve por la tarde casi todos los días) y hace mucho calor... pero, bueno, es parte del encanto, ¿no? Mañana salimos en dirección a Tikal para visitar unas ruinas muy interesantes que están en la selva y, después, México. Os escribo desde allí.
Un beso muy grande,
Lola

B. Ahora, lee el texto de nuevo y escribe en tu cuaderno, en dos columnas, las frases que contienen las formas **está/están** y las que contienen **es/son**.

C. ¿Qué diferencias encuentras entre estos dos verbos?

4. ¿QUÉ O CUÁL?

A. Lee estas frases y fíjate en cuándo se usa **qué** y cuándo **cuál/cuáles**.

- ¿**Cuál** es la bebida más conocida de Cuba?
  ○ El mojito.

- ¿**Qué** es el tequila?
  ○ Una bebida mexicana.

- ¿**Cuáles** son las lenguas oficiales de Perú?
  ○ El español y el quechua.

- ¿**Qué** son las rancheras?
  ○ Un tipo de música tradicional mexicana.

B. Completa estas frases con **qué**, **cuál** o **cuáles**.

- ¿ .... es la capital de Colombia?
  ○ Bogotá.

- ¿ .... son las tapas?
  ○ Pequeñas raciones de comida.

- ¿ .... es el mate?
  ○ Es una infusión que se bebe en Uruguay, en Paraguay y en Argentina.

- ¿ .... son las playas más bonitas de Guatemala?
  ○ Las playas de arena negra del Pacífico.

- ¿ .... es la moneda de Honduras?
  ○ El lempira.

- ¿ .... es el Aconcagua?
  ○ Es la montaña más alta de América. Está en Argentina.

5. ¿QUÉ HAY EN MÉXICO?

A. Lee esta conversación de chat entre Leda, una chica brasileña que quiere visitar México, y Ana, una chica queretana. ¿Crees que Leda sabe mucho o poco de México? Coméntalo con tu compañero.

B. Subraya las frases en las que aparece la forma **hay** y las formas **está/están**.

C. ¿Qué palabras aparecen después de **hay**?

D. Ahora, escribe frases con estas construcciones.

En mi país hay ....
Mi país es ....
Mi país está ....

Viajes Chat

Está en la sala **Encuentros::1600836032**

LEDA18: ¡Hola! Me llamo Leda. Soy brasileña. Voy a México a final de mes. ¿Hay algún mexicano conectado?
ANA: Hola, soy Ana, de Querétaro. ¿Qué ciudades quieres visitar?
LEDA18: Hola Ana, viajo con un amigo y queremos hacer una ruta por todo el país.
ANA: ¡Qué bien!
LEDA18: Sí. Primero vamos a la Ciudad de México. ¿Qué cosas interesantes hay?
ANA: Bueno, en la Ciudad de México hay muchas cosas que hacer. Hay museos muy interesantes y algunos sitios arqueológicos. También hay muchos antros...
LEDA18: Y también hay un acueducto muy lindo, ¿verdad?
ANA: Sí, pero no está en la Ciudad de México. El acueducto está en Querétaro.
LEDA18: ¿Y en México hay parques naturales? Soy bióloga y...
ANA: Sí, muchos. Además hay reservas de la biosfera y selvas. La selva más famosa es la Lacandona.
LEDA18: ¿Dónde está?
ANA: Está en Chiapas.
LEDA18: También queremos ir a Yucatán y visitar las ruinas de Chichen Itza y Montealban.
ANA: Bueno, Chichen Itza sí está en Yucatán, pero Montealban está en Oaxaca.
LEDA18: ¡Ah! Sí, claro ¡es verdad! ¿Y playas? ¿Hay playas bonitas en México?
ANA: ¡Ufff! Sí, hay playas por todo el país. Por ejemplo, hay unas playas fantásticas en el Caribe mexicano.
LEDA18: ¿Dónde están exactamente?
ANA: Creo que están en Quintana Roo.
LEDA18: ¡Perfecto! Muchas gracias, Ana.

EXPRESAR EXISTENCIA Ser/Estar/Hay, pág. 138

En Monterrey **hay muchas** montañas.
En México **hay sesenta y dos** grupos indígenas.
En Quintana Roo **hay unas** playas preciosas.
En la Ciudad de México **hay un** estadio de futbol muy grande.
En Venezuela **hay** petróleo/selvas...

En España **no hay** petróleo/selvas...

EXPRESAR UBICACIÓN: VERBO ESTAR

Ser/Estar/Hay, pág. 138

	estar
(yo)	estoy
(tú)	estás
(él/ella/usted)	está
(nosotros/nosotras)	estamos
(vosotros/vosotras)	estáis
(ellos/ellas/ustedes)	están

- *El Callejón del Beso **está** en Guanajuato.*
- *Las ruinas del Tajín **están** en Veracruz.*

Recuerda:
~~Hay el lago precioso.~~   **Hay un** lago precioso.
~~En Lima está una catedral.~~   En Lima **hay una** catedral.

DESCRIBIR Y DEFINIR LUGARES, PERSONAS O COSAS Ser/Estar/Hay, pág. 138

ser + adjetivo
Perú **es** muy bonito.
Los peruanos **son** muy amables.

ser + sustantivo
México **es** un país muy turístico.
Las rancheras **son** canciones populares mexicanas.

ARTÍCULOS INDETERMINADOS

Artículo indeterminado, pág. 128

un	En Perú hay **un** lag**o** muy grande: el Titicaca.
una	En Guatemala hay **una** comid**a** muy rica: los tamales.
unos	Aquí hay **unos** vin**os** fantásticos.
unas	En Venezuela hay **unas** play**as** maravillosas.

CUANTIFICADORES Cuantificadores, pág. 130

mucho	En esta región hay **mucho** café.
mucha	En esta ciudad hay **mucha** delincuencia.
muchos	En Francia hay **muchos** tipos de queso.
muchas	En México hay **muchas** culturas autóctonas.

muy + adjetivo	verbo + mucho
muy bonito/a/os/as	Llueve **mucho**.
	Nieva **mucho**.

EL CLIMA

Hace calor/frío.	**El clima es**	templado.
Llueve.		tropical.
Nieva.		frío.

CONCORDANCIA Grupo nominal, pág. 128

Singular	
Masculino	Femenino
un lugar turístic**o**	**una** playa turístic**a**

Plural	
Masculino	Femenino
unos lugar**es** turístic**os**	**unas** play**as** turístic**as**

Los adjetivos que terminan en **-e** o en consonante son normalmente invariables en género.

Singular		Plural	
un país / una ciudad	grande	unos países / unas ciudades	grande**s**
un platillo / una bebida	tradicional	unos platillos / unas bebidas	tradicional**es**

PREGUNTAR Y RESPONDER

- *¿**Cómo** es el clima en Cuba?*
- *Tropical.*

- *¿**Dónde** está Panamá?*
- *En Centroamérica.*

- *¿**Hay** selvas en México?*
- *Sí.*

- *¿**Cuántos** habitantes hay en España?*
- *40 millones.*

- *¿**Cuántas** lenguas oficiales hay en Paraguay?*
- *Dos, el español y el guaraní.*

PARA DEFINIR

- *¿**Qué es** el mate?*
- *Una infusión.*

- *¿**Qué son** las castañuelas?*
- *Un instrumento musical.*

PARA IDENTIFICAR

- *¿**Cuál es** la capital de Venezuela?*
- *Caracas.*

- *¿**Cuáles son** los dos países más grandes de habla hispana?*
- *Argentina y México.*

EL SUPERLATIVO Superlativo, pág. 130

El Prado **es el** museo **más** famoso **de** Madrid.
El Nilo y el Amazonas **son los** ríos **más** largos **del** mundo.
Asunción **es la** ciudad **más** grande **de** Paraguay.
El Everest y el K2 **son las** montañas **más** altas **del** mundo.

6. ¿DE QUÉ PAÍS SE TRATA?

A. Adivina de qué país se trata en cada caso.
Tu profesor sabe las respuestas.

1. Es el país más poblado de Latinoamérica.
2. Hay muchos canguros.
3. Está en el Caribe y es famoso por el *reggae*.
4. Hay tres pirámides muy famosas.
5. Los Urales están allí.
6. Es el país más pequeño de Europa.
7. Hay cuatro lenguas oficiales: el francés, el italiano, el alemán y el romanche.
8. Hay una ciudad que se llama Casablanca.

B. Ahora juega con un compañero. Piensa frases;
él tiene que adivinar de qué país se trata.

● El Kilimanjaro está allí.
○ ¿Kenia?
● No.
○ ¿Tanzania?
● Sí.

7. ¿ARGENTINA TIENE MÁS DE 75 MILLONES DE HABITANTES?

 CD 17

A. Vas a escuchar diez frases. Marca en las casillas si pueden referirse a Argentina o no.

	1	2	3	4	5	6	7	8	9	10
SÍ										
NO										

 CD 18-27

B. Comprueba si tus respuestas son correctas.

C. Ahora, escribe cinco frases sobre tu país. Algunas deben ser falsas. Léeselas a un compañero. A ver si puede encontrarlas.

8. UN PAÍS INTERESANTE

A. Piensa en un país que te interesa o que conoces bien y escribe un texto describiéndolo.

> China es un país muy grande y muy interesante. Está en Asia y la capital es Pequín. Es el país más poblado del mundo. La lengua oficial es el chino mandarín, pero hay muchos dialectos y otras lenguas.

B. Ahora preséntaselo a la clase.

C. De todos los países que presentaron tus compañeros, ¿cuáles quieres visitar?

● Yo, China y Tailandia.

9. ¿CANGUROS EN MÉXICO?

En este mapa hay cuatro cosas que no corresponden a México. ¿Puedes encontrarlas? Coméntalas con un compañero.

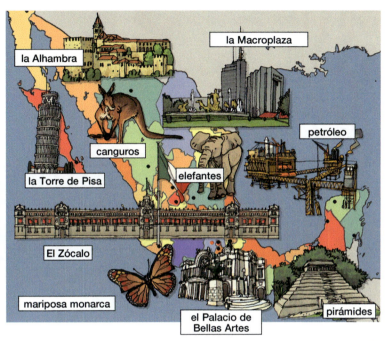

la Macroplaza

la Alhambra

canguros

petróleo

elefantes

la Torre de Pisa

El Zócalo

mariposa monarca

el Palacio de Bellas Artes

pirámides

● El Zócalo está en México, ¿no?
○ Sí, en la Ciudad de México.

10. ¿CUÁL ES EL PLATILLO TÍPICO?

¿Conoces bien la ciudad o la región en la que estás estudiando español? Piensa en cosas que quieres saber y pregúntaselas a tu profesor. Escribe las respuestas en el cuadro.

Platillo típico	
Número de habitantes	
Fiesta más importante	
Clima	
Lenguas oficiales	
Otros temas	

11. UNA TRIVIA SOBRE EL MUNDO HISPANO

A. Vamos a jugar una trivia. Para ello, vamos a dividir la clase en dos equipos. Cada equipo va a preparar ocho tarjetas como esta con preguntas sobre países del mundo hispano. Cada equipo tiene que entregar al profesor las respuestas correctas de sus preguntas.

TRIVIA HISPANA

¿Cuál es la capital de Uruguay?
a) Asunción
b) Montevideo
c) Tacuarembó

B. Ahora, por turnos, cada equipo hace una pregunta al equipo contrario, que tiene 30 segundos para contestar. Si la respuesta es correcta, gana un punto. Gana el equipo que más puntos tiene al final.

12. ¿TE SORPRENDE?

A. Estas cuatro fotografías nos muestran imágenes poco conocidas del mundo hispano. Cada una de ellas es una instantánea de cuatro países en los que se habla español. ¿De qué países crees que se trata en cada caso?

🔊 CD 28 **B.** Ahora, vas a escuchar a cuatro personas que hablan de lo que ves en las fotografías. Comprueba de qué países se trata. ¿Acertaste?

13. LA ZONA MAYA

Lee este texto sobre la zona maya y responde a las preguntas.

En el Caribe mexicano encontramos paisajes, climas y culturas increíbles. En el corazón del estado de Quintana Roo, por ejemplo, vive una de las comunidades más interesantes del mundo: los mayas.

Los mayas mantienen vigentes toda una serie de tradiciones ancestrales: hablan su antigua lengua, cultivan la tierra como sus antepasados, cazan el venado para alimentarse, se curan con plantas medicinales y las mujeres usan el típico huipil, un vestido blanco bordado a mano.

Sus creencias religiosas son un sincretismo del catolicismo con antiguos ritos mayas. El hmen (sacerdote), al que acuden los mayas para realizar todo tipo de ofrendas, es un personaje venerado por toda la comunidad.

La zona maya ofrece los principales escenarios de un fascinante pasado. Su ciudad Felipe Carrillo Puerto, antiguamente Chan Santa Cruz, era el santuario de los mayas rebeldes (los cruzoob) de la Guerra de Castas, la rebelión de los mayas contra los mexicanos que estalló en el año 1847.

Desde Felipe Carrillo Puerto se puede empezar a visitar la región. Muchos pueblos de la zona maya, como Yaxley y Xpichil, se dedican a la elaboración de artesanías (cestería, madera tallada o bordado) mientras que otros, como Tepich, Sabán o Sacalaca, cuidan iglesias coloniales de extraordinaria belleza. En Tihosuco está el Museo de la Guerra de Castas y en Chacchobén, el sitio arqueológico más importante de la zona maya.

1. ¿Qué personas viven en el Caribe mexicano?
2. ¿Qué lengua hablan? ¿Qué comen? ¿Cómo se visten las mujeres?
3. ¿Quién es el personaje respetado por toda la comunidad?
4. ¿Cuáles son los principales atractivos de la zona maya?

¿CUÁL PREFIERES?

1. CAMISETAS

A. Mauricio quiere comprarse una camiseta. Patricia, una amiga suya, lo acompaña a una tienda para ayudarlo a elegir. Escucha la conversación. ¿Sabes de qué camiseta están hablando en cada caso?

CD 29-33

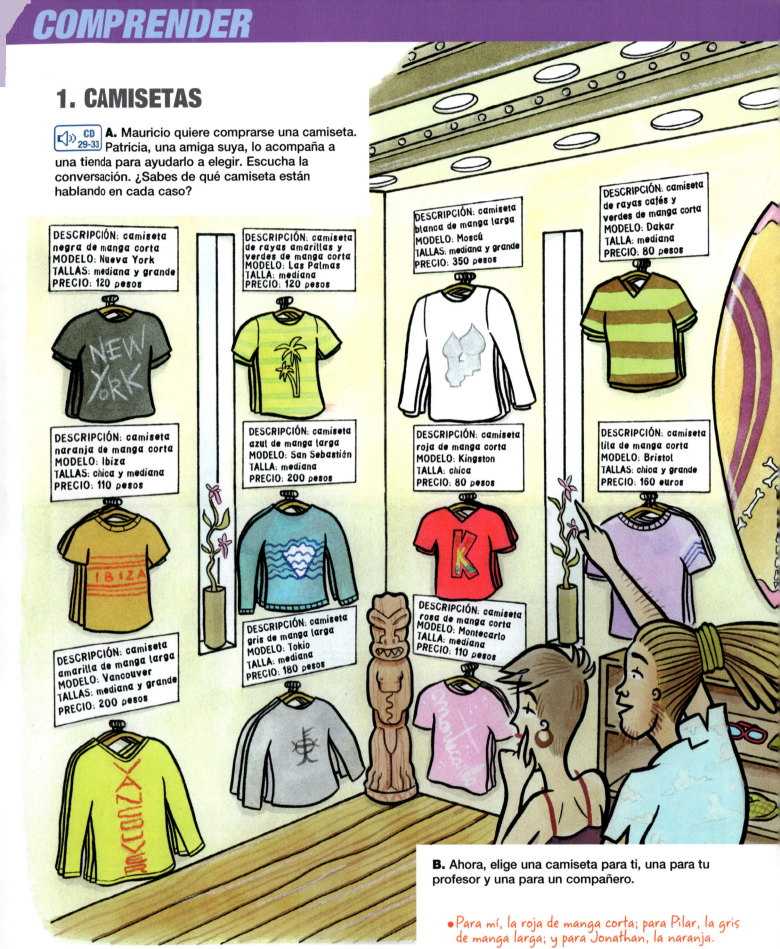

DESCRIPCIÓN: camiseta negra de manga corta
MODELO: Nueva York
TALLAS: mediana y grande
PRECIO: 120 pesos

DESCRIPCIÓN: camiseta de rayas amarillas y verdes de manga corta
MODELO: Las Palmas
TALLA: mediana
PRECIO: 120 pesos

DESCRIPCIÓN: camiseta blanca de manga larga
MODELO: Moscú
TALLAS: mediana y grande
PRECIO: 350 pesos

DESCRIPCIÓN: camiseta de rayas cafés y verdes de manga corta
MODELO: Dakar
TALLA: mediana
PRECIO: 80 pesos

DESCRIPCIÓN: camiseta naranja de manga corta
MODELO: Ibiza
TALLAS: chica y mediana
PRECIO: 110 pesos

DESCRIPCIÓN: camiseta azul de manga larga
MODELO: San Sebastián
TALLA: mediana
PRECIO: 200 pesos

DESCRIPCIÓN: camiseta roja de manga corta
MODELO: Kingston
TALLA: chica
PRECIO: 80 pesos

DESCRIPCIÓN: camiseta lila de manga corta
MODELO: Bristol
TALLAS: chica y grande
PRECIO: 160 euros

DESCRIPCIÓN: camiseta amarilla de manga larga
MODELO: Vancouver
TALLAS: mediana y grande
PRECIO: 200 pesos

DESCRIPCIÓN: camiseta gris de manga larga
MODELO: Tokio
TALLA: mediana
PRECIO: 180 pesos

DESCRIPCIÓN: camiseta rosa de manga corta
MODELO: Montecarlo
TALLA: mediana
PRECIO: 110 pesos

B. Ahora, elige una camiseta para ti, una para tu profesor y una para un compañero.

● Para mí, la roja de manga corta; para Pilar, la gris de manga larga; y para Jonathan, la naranja.

2. YO NUNCA USO LENTES DE SOL

A. Silvia va a pasar el fin de semana en un departamento en la costa. Esta es su maleta. ¿Sabes cómo se llaman las cosas que lleva?

12 champú para cuerpo
___ camisetas
___ suéter
___ pantalones
___ zapatos
___ bikini
___ ropa interior
___ sostén
___ sandalias
___ toalla de playa
___ libros
___ lentes de sol
___ aspirinas
___ *discman*
___ credencial de elector
___ dinero
___ tarjeta de crédito
___ cepillo de dientes
___ cepillo
___ pasta de dientes
14 protector solar
___ champú
___ secadora

B. Cuando tú sales un fin de semana, ¿llevas las mismas cosas que Silvia? ¿Llevas otras? Coméntalo con un compañero.

● Yo también llevo siempre aspirinas, pero nunca llevo secadora.
○ Pues yo siempre llevo despertador...

C. ¿Y en las siguientes situaciones? ¿Qué cosas tienes que llevar? Relaciona.

1. Voy de viaje al extranjero.	**A.** Tengo que llevar dinero.
2. Salgo de compras.	**B.** Tengo que llevar la licencia de conducir.
3. Quiero rentar un carro.	**C.** Tengo que llevar un traje de baño.
4. Voy a la playa a tomar el sol.	**D.** Tengo que llevar un regalo.
5. Quiero nadar en la alberca.	**E.** Tengo que llevar *Aula latina 1*.
6. Voy a clase de español.	**F.** Tengo que llevar protector solar.
7. Voy a una fiesta de cumpleaños.	**G.** Tengo que llevar el pasaporte.
8. Voy a cenar a casa de unos mexicanos.	**H.** Tengo que llevar una botella de vino o un postre.

3. ¿ESTA O ESTA?

A. En estos diálogos aparecen los pronombres demostrativos **este**, **esta**, **estos** y **estas**. ¿A cuál de estos sustantivos se refieren en cada caso: **suéter**, **camiseta**, **zapatos** o **sandalias**? Escríbelo y marca también el género y el número.

¿Cuáles son más bonitas? ¿Estas o estas?

Las verdes

sustantivo:	masculino	femenino	singular	plural

El gris

¿Cuál es más barato? ¿Este o este?

sustantivo:	masculino	femenino	singular	plural

¿Cuáles prefieres? ¿Estos o estos?

Los negros

sustantivo:	masculino	femenino	singular	plural

La lila

¿Cuál compro? ¿Esta o esta?

sustantivo:	masculino	femenino	singular	plural

B. Ahora, marca en los diálogos anteriores todas las palabras que concuerdan en género y en número con los sustantivos **sandalias**, **suéter**, **zapatos** y **camiseta**.

● ¿Cuáles son más bonitas? ¿Estas o estas?
○ Las verdes.

4. LA AZUL ES MUY CHICA

¿De qué crees que hablan? Márcalo y justifícalo.

1. La azul es muy chica.
   ❏ a) un suéter
   ❏ b) una camiseta
   ❏ c) unas sandalias

2. Los verdes son muy bonitos.
   ❏ a) unas sandalias
   ❏ b) un bikini
   ❏ c) unos pantalones

3. Las más caras son las rojas.
   ❏ a) unos zapatos
   ❏ b) unas sandalias
   ❏ c) unos suéteres

4. ¡El negro es precioso!
   ❏ a) un bikini
   ❏ b) unos lentes de sol
   ❏ c) una camiseta

5. EN LA TIENDA

 A. Lee y escucha el diálogo, y completa el cuadro.

● Hola, buenos días.
○ Buenos días.
● ¿Qué desea?
○ Quería una pluma.
● ¿De qué color?
○ Azul.
● Pues mire, aquí tiene varias.
○ ¿Cuánto cuestan?
● Esta, 12 pesos, y esta otra, 15 pesos.
○ Bien, pues me llevo esta.

1. ¿Qué quiere comprar?	
¿Cómo lo dice?	
2. ¿Pregunta precios?	
¿Cómo lo dice?	
3. ¿Compra algo?	
¿Cómo lo dice?	

B. Ahora, completa estas preguntas.

1. ¿Cuánto .... estos zapatos?
2. Esta camiseta de aquí, ¿cuánto .... ?

6. VERBOS DE LA TERCERA CONJUGACIÓN

A. Aquí tienes tres verbos acabados en **-ir**. Hay uno regular, uno irregular con cambio de vocales y uno muy irregular. ¿Puedes identificarlos?

	vivir	ir	preferir
(yo)	vivo	voy	prefiero
(tú)	vives	vas	prefieres
(él/ella/usted)	vive	va	prefiere
(nosotros/nosotras)	vivimos	vamos	preferimos
(vosotros/vosotras)	vivís	vais	preferís
(ellos/ellas/ustedes)	viven	van	prefieren

B. El verbo **descubrir** es regular. ¿Puedes conjugarlo?

NUMERALES Numerales, pág. 127

100	cien	1000	mil
101	**ciento** uno*/una	2000	dos mil
102	**ciento** dos	...	
...		10 000	diez mil
200	doscientos/as	20 000	veinte mil
300	trescientos/as	...	
400	cuatrocientos/as	100 000	cien mil
500	**quinientos**/as	200 000	doscientos/as mil
600	seiscientos/as	...	
700	**sete**cientos/as	1 000 000	un millón
800	ochocientos/as	2 000 000	dos millones
900	**nove**cientos/as	1 000 000 000	mil millones

3 453 276 = tres millones cuatrocientos/as cincuenta **y** tres mil doscientos/as setenta **y** seis

* Antes de un sustantivo: ciento **un** pesos.

REFERIRSE A OBJETOS Demostrativos, pág. 129
DEMOSTRATIVOS

Adjetivos demostrativos	Pronombres demostrativos	
este suéter	**este**	
esta camiseta	**esta**	**esto**
estos zapatos	**estos**	
estas sandalias	**estas**	

- ¡**Este** suéter es precioso!
- ○ Pues yo prefiero **este**.

- **Estos** lentes de sol, ¿cuánto cuestan?
- ○ 400 pesos.
- ¿Y **estos**?
- ○ 650 pesos.

A diferencia de los demás demostrativos, **esto** no hace referencia a un sustantivo concreto.

¿Qué compro para Ángel? ¿Esto o esto?

EL/LA/LOS/LAS + ADJETIVO
Cuando por el contexto sabemos a qué sustantivo nos referimos, podemos no mencionarlo.

- ¿Qué **coche** usamos: **el** nuevo o **el** viejo?
- Luis quiere comprar **la camiseta** verde y Julia, **la** azul.
- **Los zapatos** más caros son **los** negros.
- Tenemos que llevar **las maletas** rojas y **las** negras.

el coche nuevo ➡ **el** nuevo   los zapatos negros ➡ **los** negros
la camiseta azul ➡ **la** azul   las maletas negras ➡ **las** negras

QUÉ + SUSTANTIVO / CUÁL/CUÁLES
Qué, cuál/cuáles, pág. 133
Para preguntar por objetos o cosas, podemos usar **qué** + sustantivo.

- ¿**Qué perfume** usas? ¡Huele muy bien!

Cuando ya sabemos a qué nos referimos, podemos usar **cuál/cuáles** y no repetir el sustantivo.

- ¿**Qué bikini** compro para mi hermana?
- ○ No sé. ¿**Cuál** es el más caro?

- ¿**Qué zapatos** compro para mi padre?
- ○ No sé. ¿**Cuáles** son los más caros?

COLORES

blanco	⬜	rosa	🟪	negro	⬛
amarillo	🟨	azul	🟦	gris	⬜
naranja	🟧	verde	🟩	café	🟫
rojo	🟥	lila	🟪	beige	⬜

- ¿**De qué color es** la maleta?
- ○ Amarilla.

EXPRESAR NECESIDAD

	tener	que + Infinitivo
(yo)	**tengo**	
(tú)	**tienes**	
(él/ella/usted)	**tiene**	**que** + estudiar
(nosotros/nosotras)	**tenemos**	
(vosotros/vosotras)	**tenéis**	
(ellos/ellas/ustedes)	**tienen**	

- Esta noche voy a una fiesta de cumpleaños. **Tengo que llevar** un regalo.

HABLAR DE PREFERENCIAS

	preferir
(yo)	pref**i**ero
(tú)	pref**i**eres
(él/ella/usted)	pref**i**ere
(nosotros/nosotras)	preferimos
(vosotros/vosostras)	preferís
(ellos/ellas/ustedes)	pref**i**eren

- ¿**Cuál prefieres**?
- ○ Yo, el rojo. ¿Y tú?

DE COMPRAS

- ¿**Tienen** agua/gorras/lentes...?
- **Quería** agua/una gorra/unos lentes...
- ¿**Cuánto cuesta** esta gorra? / ¿**Cuánto cuestan** estos lentes?
- **Me llevo esta** gorra. / **Me llevo estas** sandalias.

7. ¡BINGO!

A. Este es tu tablero para jugar al bingo. Primero tienes que escribir las cifras en letras.

200 $	500 £	300 £	900 $
doscientos			
800 £	400 $	600 £	700 £
500 $	200 £	900 £	300 $
	doscientas		
800 $	600 $	700 $	400 £

CD 35 **B.** Vamos a empezar el bingo. Tu tablero tiene que tener once casillas. Por eso, antes tienes que tachar cinco. Fíjate bien en el género: ¿dice doscientos o doscientas?

8. ¿QUÉ SUÉTER PREFIERES?

Tienes que elegir un objeto de cada tipo: un suéter, unas botas, un gorro, unos pantalones y unos lentes de sol. ¿Cuál prefieres? ¿Y tu compañero?

- ¿Qué suéter prefieres?
- Este, el negro. ¿Y tú?
- Yo, el gris.

9. EL MERCADITO DE LA CLASE

Vamos a dividir la clase en vendedores y en clientes. Cada vendedor tiene que encontrar en la clase tres objetos del mismo tipo y decidir qué precio tienen. ¡Atención! El precio mínimo por producto es 150 pesos y el máximo, 350. Los clientes tienen que comprar tres objetos, pero solo tienen 500 pesos cada uno.

Cliente	Vendedor
Hola. Buenos días./Buenas tardes.	Hola. Buenos días./Buenas tardes.
Quería unos zapatos (para mí/ para hombre/para mujer/para niño/ para niña).	¿Qué desea? ¿Es/son para usted? ¿De qué color?
	Sí, tenemos estos. Sí, estos (de aquí).
¿Y estos cuánto cuestan? ¿Cuánto cuestan estos (de aquí)?	X pesos.
(Pues) me llevo estos negros/estos. (Pues) me llevo los negros. Muchas gracias.	
	Gracias a usted.

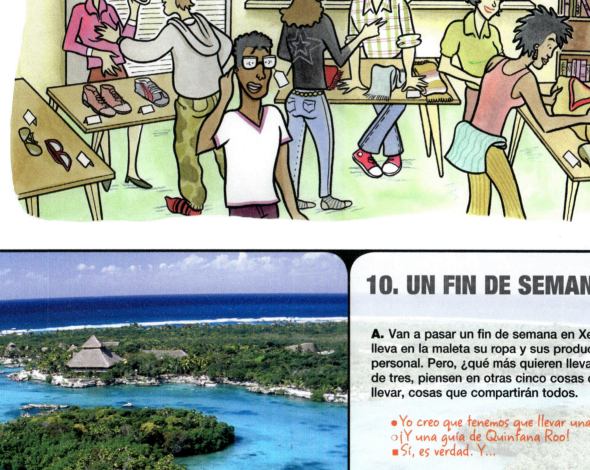

10. UN FIN DE SEMANA EN XELHA

A. Van a pasar un fin de semana en Xelha. Cada uno lleva en la maleta su ropa y sus productos de higiene personal. Pero, ¿qué más quieren llevar? En grupos de tres, piensen en otras cinco cosas que tienen que llevar, cosas que compartirán todos.

- Yo creo que tenemos que llevar una cámara fotográfica.
○ ¡Y una guía de Quintana Roo!
■ Sí, es verdad. Y...

B. Ahora tienen que decidir cómo van a conseguir esas cosas. ¿Alguno de ustedes tiene alguna de ellas? ¿Las tienen que comprar?

- ¿Quién tiene una cámara?
○ Yo.
- Bien. Entonces llevamos la cámara de Jason. ¿Y quién tiene una guía de Quintana Roo?
■ Yo no.
- Pues tenemos que comprar una.

VIAJAR

11. ¿QUÉ SE PUEDE COMPRAR EN MÉXICO Y DÓNDE?

JALISCO

En Jalisco, los indios cora y huichol venden cinturones y bolsas de lana, pinturas y vestidos bordados con hilos de colores.

QUERÉTARO

Querétaro es famoso por sus piedras semipreciosas y su joyería en plata.

MICHOACÁN

Michoacán es probablemente la región con mayor variedad de artesanías de México. Cada pueblo produce un estilo diferente desde hace más de cinco siglos. Destacan los objetos de cobre, las guitarras, las cerámicas, las máscaras y las hamacas. En Apatzingán hacen la versión michoacana del equipal: bellos y cómodos sillones de madera y de cuero.

GUERRERO

En el estado de Guerrero se especializan en la cerámica. Además, Taxco es famoso por su joyería en plata.

OAXACA

En la frontera de Oaxaca son muy conocidas las blusas llamadas "huipiles". Cerca de la ciudad de Oaxaca, el pueblo de San Bartolo Coyotepec hace la tradicional cerámica negra. En la ciudad de Oaxaca los artesanos hacen copias exactas de la elaborada joyería de los mixtecas encontrada en las tumbas de Montealban. También elaboran alebrijes (animales de madera pintados en colores brillantes.)

A. México es conocido internacionalmente por la calidad, la originalidad y la belleza de su arte popular. Vas a leer sobre algunas ciudades y sus artesanías. Identifica en el mapa los estados que se mencionan.

YUCATÁN

En Yucatán se producen las mejores hamacas del país, hechas con fibra de cactus o algodón.

B. Observa ahora estas fotografías de algunas artesanías típicas de México. Relaciona la artesanía con su nombre.

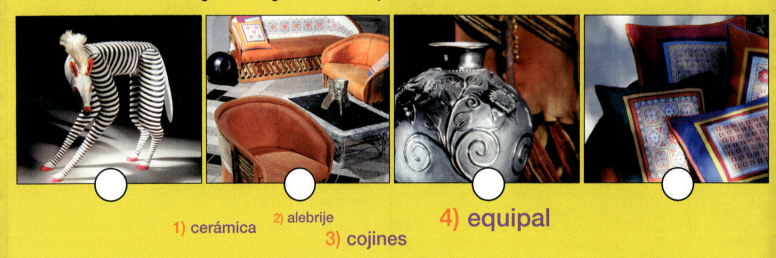

1) cerámica

2) alebrije

3) cojines

4) equipal

C. Imagina que viajas por México y que quieres comprar unas artesanías para tu familia. Comenta con un compañero cuál te gustaría comprar y por qué. Luego, explícale cómo es el arte popular en tu país.

5

TUS AMIGOS SON MIS AMIGOS

En esta unidad vamos a
presentar y a describir a una persona

Para ello vamos a aprender:
> a hablar del aspecto físico y del carácter
> a expresar gustos e intereses
> a preguntar sobre gustos > a contrastar gustos
> a hablar de relaciones personales
> el verbo **gustar** > los posesivos
> las relaciones de parentesco

1. ¿QUIÉN ES?

A. La revista *Aula de música* publicó un artículo con información personal sobre un conocido personaje español. En parejas, decidan a qué corresponden los datos de abajo.

AULADEMUSICA

1. Lugar de nacimiento
2. Año de nacimiento
3. Nombre
4. Apellido
5. Nombre de su mamá
6. Hermanos
7. Profesión
8. Título de su primer disco
9. Color favorito
10. Deporte preferido
11. Ciudades preferidas
12. Escritores favoritos
13. Comida favorita

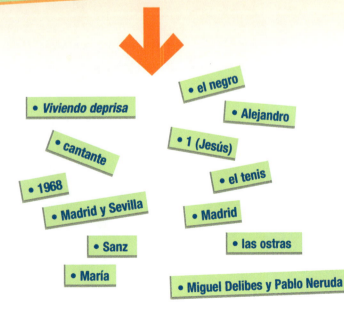

- **el negro**
- **Viviendo deprisa**
- **Alejandro**
- **cantante**
- **1 (Jesús)**
- **1968**
- **el tenis**
- **Madrid y Sevilla**
- **Madrid**
- **Sanz**
- **las ostras**
- **María**
- **Miguel Delibes y Pablo Neruda**

● Cantante es su profesión, ¿no?
○ Sí, claro. ¿Y María?

B. Escribe cinco datos sobre ti. Tu compañero tiene que adivinar a qué corresponden.

● ¿Berlín es tu ciudad preferida?
○ No.
● ¿Tu lugar de nacimiento?
○ ¡Sí!

C. Ahora explica al resto de la clase un dato interesante sobre tu compañero.

● El deporte favorito de Helen es el esquí.

2. CONTACTOS

A. En esta página web hay mensajes de estudiantes de idiomas que quieren hacer intercambios en Internet. ¿A qué fotografía crees que corresponde cada una de estas tres descripciones? Identifica en las fotografías cosas que se mencionan en los textos.

File Edit View Favorites Tools Help

← Back ▾ → ▾ ⊗ ⌂ | 🔍Search ✳Favorites History

Address 🔲 www.contacto.com

contacto.

LA PÁGINA DE CONTACTOS PARA ESTUDIANTES DE IDIOMAS

1. ¡Hola! Me llamo Tania y soy mexicana. Tengo 26 años, soy periodista y me encanta aprender idiomas. Estudio inglés, francés y griego. También me gusta cocinar, viajar y estar con mis amigos, pero mi gran pasión es la fotografía. ¡Un abrazo!

2. Hola, amigos y amigas. Soy una chica mexicana, tengo 31 años y me llamo Leyla. Estudio portugués y japonés. Me gusta mucho leer, escribir y viajar, y me encantan el mar y los deportes acuáticos. También me gusta salir en la noche. Espero sus mensajes.

3. ¡Hola desde Monterrey! Me llamo Cristina y tengo 20 años. Estudio inglés y alemán. Me gusta leer revistas de moda, pasear, ir al cine y sobre todo escuchar música. Mi cantante favorita es Björk. ¿Quieres conocerme? ¡Hasta pronto!

B. (CD 36-38) Las tres chicas dejaron en la página web mensajes de voz en los que hablan un poco más de sí mismas. Escucha lo que dicen. ¿Sabes quién habla en cada caso? Escribe el nombre al lado del número correspondiente.

1 ....

2 ....

3 ....

C. ¿Cómo crees que son estas chicas? Completa el cuadro y, luego, compara tus respuestas con las de tu compañero.

TANIA	LEYLA	CRISTINA	■■■
			Es una chica muy guapa.
			Parece una persona alegre y divertida.
			Parece bastante inteligente.
			Parece una chica muy interesante.
			Parece un poco antipática.
			Parece una persona bastante agradable.
			Parece muy simpática.
			Parece una chica un poco cerrada.

● Leyla es una chica muy guapa, ¿no?
○ Sí, y también parece muy simpática.

43

3. TIEMPO LIBRE

A. La revista *Aula de música* sale a la calle para preguntar a algunos jóvenes mexicanos sobre sus gustos musicales. Subraya en los textos las informaciones con las que coincides.

1. FABIOLA. 23 años. Monterrey
¿Qué tipo de música escuchas normalmente? Me gustan muchos tipos de música, pero últimamente escucho mucha música grupera. ¿Dónde escuchas música? En todas partes: en el carro, en casa, en el trabajo... ¿Tu cantante o grupo favorito? Intocables.

2. Mónica. 20 años. Veracruz
¿Qué tipo de música escuchas normalmente? De todo. Escucho música pop, mucha música electrónica también... ¿Dónde escuchas música? En casa, pero también me gusta ir a los conciertos. ¿Tu cantante o grupo favorito? Tengo varios; entre ellos, Alex Syntex y Alejandra Guzmán.

3. VALENTÍN. 25 años. Ciudad de México
¿Qué tipo de música escuchas normalmente? Clásica y jazz, sobre todo. ¿Dónde escuchas música? Escucho mucha música en casa. A mi novia también le gusta la música y tenemos muchísimos discos. ¿Y les gusta el mismo tipo de música? Más o menos. A ella le gusta mucho la música instrumental, a mí me interesan más el jazz y la música clásica.

B. Encierra en un círculo todas las frases en las que aparece **gusta/gustan**, **encanta/encantan** e **interesa/interesan**. ¿Entiendes la diferencia entre las dos formas? Coméntalo con tu profesor.

C. Ahora completa este cuadro con los pronombres correspondientes.

(A mí)	....	
(A ti)	te	
(A él/ella/usted)	....	gusta/n
(A nosotros/nosotras)	nos	encanta/n
(A vosotros/vosotras)	....	interesa/n
(A ellos/ellas/ustedes)	les	

4. PABLO. 24 años. Guadalajara
¿Qué tipo de música escuchas normalmente? De todo, pero escucho mucho pop rock. ¿En inglés? Sí, pero también me interesa el rock en español. ¿Tus grupos favoritos? Me encantan Café Tacuba, Maná y Maldita Vecindad.

5. MIREYA. 27 años. Guanajuato
¿Qué tipo de música escuchas normalmente? Me encanta la música romántica. ¿Dónde escuchas música? En todos lados: en el camión, en casa... ¿Tus cantantes o grupos favoritos? Luis Miguel.

4. LA FAMILIA DE PACO Y DE LUCÍA

Este es el árbol genealógico de una familia mexicana. Lee las frases y escribe las relaciones que faltan.

- Paco es el esposo de Lucía.
- Lucía es la abuela de Carla y de Daniel.
- Carla es la hija de Rafael y de Abigail.
- Daniel es el nieto de Paco y de Lucía.
- Ana es la hermana de Rafael.
- Paco es el papá de Ana y de Rafael.

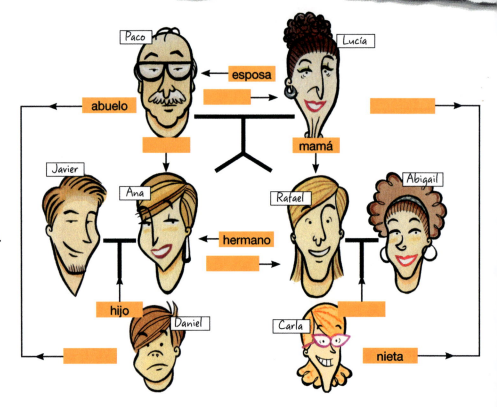

ASPECTO FÍSICO Y CARÁCTER

ASPECTO FÍSICO

Es	(un chico/una chica) (un hombre/una mujer)	**(muy)** **(bastante)** **(un poco*)**	guapo/a feo/a rubio/a moreno/a pelirrojo/a calvo/a alto/a bajo/a** gordo/a** delgado/a

* solo con adjetivos negativos: **feo/a, gordo/a**
** estos adjetivos pueden resultar ofensivos. Se suelen utilizar, en su lugar, los diminutivos **bajito/a** y **gordito/a**.

Tiene	el pelo largo/corto/rizado/liso/negro/castaño/rubio... los ojos negros/azules/verdes/cafés... barba/bigote/piocha...

Usa/Trae	lentes/gorra/sombrero/camisa/traje...

PRIMERAS IMPRESIONES

			divertido/a aburrido/a abierto/a cerrado/a serio/a simpático/a tímido/a
Parece	(un chico/una chica) (un hombre/una mujer) (una persona*)	**(muy)** **(bastante)** **(un poco**)**	interesante inteligente alegre agradable desagradable sociable

* ¡Ojo! Decimos: **Parece buena persona.**
** solo con adjetivos negativos: **aburrido, desagradable...**

GUSTOS E INTERESES

EL VERBO **GUSTAR** Verbos que funcionan como **gustar**, pág. 135

(A mí)	**me**		
(A ti)	**te**		el cine (NOMBRES EN SINGULAR)
(A él/ella/usted)	**le**	**gusta**	ir al cine (VERBOS)
(A nosotros/nosotras)	**nos**		
(A vosotros/vosotras)	**os**	**gustan**	las películas de acción
(A ellos/ellas/ustedes)	**les**		(NOMBRES EN PLURAL)

(A mí) **Me encanta**	
(A mí) **Me gusta mucho**	
(A mí) **Me gusta bastante**	la salsa.
(A mí) **No me gusta mucho**	
(A mí) **No me gusta**	
(A mí) **No me gusta nada**	

PREGUNTAR SOBRE GUSTOS

- ¿**Te gusta** el jazz?
- Pues no, no mucho.

- ¿**Qué tipo de** música **te gusta (más)**?
- La música electrónica.

- ¿**Qué** deporte **te gusta (más)**?
- El baloncesto.

- ¿**Cuál** es tu color **favorito/preferido**?
- El verde.

CONTRASTAR GUSTOS

☺ Me encanta el golf.   ☹ No me gusta nada el golf.

☺ A mí también. ☹ A mí no.   ☹ A mí tampoco. ☺ A mí sí.

- ¿Con quién vas al cine normalmente?
- Con mi esposo. **A los dos nos** encanta el cine.

RELACIONES PERSONALES

LOS POSESIVOS Posesivos, pág. 129

Singular

mi papá	**tu** papá	**su** papá
mi mamá	**tu** mamá	**su** mamá

Plural

mis hermanos	**tus** hermanos	**sus** hermanos
mis hermanas	**tus** hermanas	**sus** hermanas

mi amigo Luis	**un** amigo (**mío**)
mi amiga Carla	**una** amiga (**mía**)
	un compañero de trabajo

- Paco y Lucía son **los papás** de Ana y de Rafael. (mamá + papá = **papás***).

- Ana y Rafael son **los hijos** de Paco y de Lucía. (hijo + hija = hij**os**)

- Paco y Lucía son **los abuelos** de Daniel y de Carla. (abuelo + abuela = abuel**os**)

- Ana y Rafael son **hermanos**. (hermano + hermana = herman**os**)

- Para personas divorciadas se usa **ex** esposo y **ex** esposa.

- Para personas que viven juntas sin estar casadas se usa **pareja**. Se usa **novio/novia** para referirse a la relación de dos personas que salen juntas y no están casadas.

* **Papá**, **mamá** y **papás** son las formas más usadas, pero también existen **padre**, **madre** y **padres**.

5. LA MAMÁ DE MI MAMÁ

Observa el vocabulario de la familia que tienes en la actividad 4. Prepara cinco frases sobre tu familia. Luego, léeselas a un compañero, que tiene que descubrir quién es.

● Se llama Robert. Es el papá de mi papá.
○ Es tu abuelo.

1 ....
2 ....
3 ....
4 ....
5 ....

6. SOY UNA PERSONA BASTANTE TÍMIDA

¿Cómo eres? Usa esta ficha como modelo para hacer, en una hoja suelta, una descripción de ti. Luego, tu profesor recoge las hojas y las reparte. Cada alumno debe adivinar de quién es la descripción que tiene.

Creo que soy una persona muy/bastante/un poco ... y muy/bastante/un poco ... Pero mucha gente piensa que soy ...

En mi tiempo libre me encanta ... Otras cosas que me gusta hacer son ... y ...

No me gusta/n nada ... ni ...

Mi color favorito es el ...

Mi comida favorita es/son ...

Mi deporte favorito es el/la ...

¿QUIÉN SOY?

7. ES UN HOMBRE DE UNOS 45 AÑOS

Prepara una descripción de un personaje famoso, real o de ficción, o de un alumno de la clase. Luego, lee la descripción a un compañero. ¿Sabe quién es?

- UN ACTOR, UNA ACTRIZ
- UN DEPORTISTA, UNA DEPORTISTA
- UN CANTANTE, UNA CANTANTE
- UN HOMBRE DE NEGOCIOS, UNA MUJER DE NEGOCIOS
- UN POLÍTICO, UNA POLÍTICA
- UN ALUMNO DE LA CLASE, UNA ALUMNA DE LA CLASE

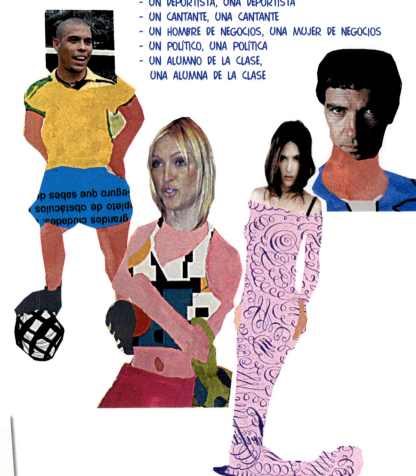

| un **niño** | un **chico** | un **hombre/señor** | un **señor mayor** |
| una **niña** | una **chica** | una **mujer/señora** | una **señora mayor** |

Tiene 20 **años.**

Tiene unos 40 **años.** = **Tiene aproximadamente** 40 **años.**

● Es un hombre de unos 45 años. Es muy guapo y es español. Parece una persona muy simpática. Es actor. Hace películas de amor, comedias... Su mujer es norteamericana y también es actriz.
○ ¿Antonio Banderas?
● Sí.

8. YO QUIERO CONOCER AL AMIGO DE ANNE

A. ¿Quieres recibir una visita de tu país? Elige a una persona (un familiar, un amigo, etc.). La escuela donde estudias lo invita a la ciudad en la que estás. Prepara una descripción de la persona elegida: su nombre, su relación contigo, su edad, su ocupación, sus gustos, etc.

Persona elegida . . . .

Relación conmigo. . . . .

Nacionalidad . . . .

Ocupación . . . .

Edad . . . .

Aspecto físico. . . . .

Carácter . . . .

Cualidades . . . .

Gustos y aficiones . . . .

B. Ahora, lee tu descripción al resto de la clase. Tus compañeros tienen que escuchar atentamente para poder elegir, entre todos los invitados, a uno de ellos para conocerlo. También pueden hacer preguntas.

● Mi invitado se llama Pedro, es mi hermano y vive en Río de Janeiro, como yo. Tiene 29 años y es ingeniero en sistemas. Es un chico muy simpático y muy divertido: le gusta mucho bailar, ir a la playa y conocer a gente nueva. Es brasileño, como yo, claro. Y es muy deportista: juega futbol y...
○ ¿Es guapo?
● Sí, muy guapo.
■ ¿Habla español o inglés?
...

C. Ahora, cada estudiante debe decir a qué invitado quiere conocer y explicar por qué.

● Yo quiero conocer al hermano de Luciana, Pedro, porque a los dos nos gusta ir a la playa, bailar...

9. A MÍ ME INTERESA EL FESTIVAL CERVANTINO

A. En México se realizan muchos festivales culturales cada año. Aquí tienes tres ejemplos de ellos. ¿Cuándo se celebran? ¿En qué ciudades? ¿Sabes dónde están esas ciudades?

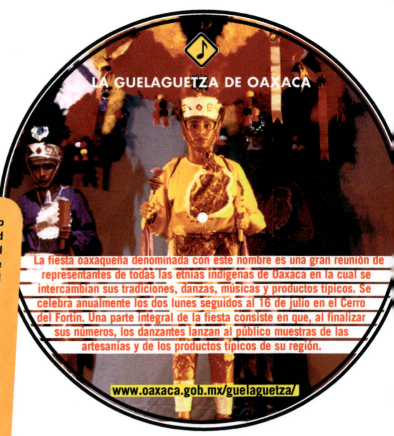

LA GUELAGUETZA DE OAXACA

La fiesta oaxaqueña denominada con este nombre es una gran reunión de representantes de todas las etnias indígenas de Oaxaca en la cual se intercambian sus tradiciones, danzas, músicas y productos típicos. Se celebra anualmente los dos lunes seguidos al 16 de julio en el Cerro del Fortín. Una parte integral de la fiesta consiste en que, al finalizar sus números, los danzantes lanzan al público muestras de las artesanías y de los productos típicos de su región.

www.oaxaca.gob.mx/guelaguetza/

Festival Verano Barrio Antiguo
NUEVO LEÓN MÉXICO

El Festival Cultural Barrio Antiguo es un evento de calidad con proyección nacional e internacional que se realiza cada año en la ciudad de Monterrey, Nuevo León, para promocionar el arte, la cultura, la educación y el entretenimiento. Música, teatro, danza y espectáculos circenses se funden hasta conformar un mundo mágico con más de 200 eventos llegados de Inglaterra, Estados Unidos, Argentina, Nicaragua, República Dominicana, Canadá, Rusia, Cuba, Australia, España...

www.festivalbarrioantiguo.org.mx/

B. ¿Cuál de ellos te interesa más? ¿Por qué? Busca en la clase a dos compañeros a los que les interese el mismo festival.

Festival Internacional Cervantino
GUANAJUATO MÉXICO

Festival Cervantino
www.festivalcervantino.gob.mx/

Todos los años se realiza en Guanajuato el Festival Cervantino, en honor al ilustre escritor Miguel de Cervantes. El festival se celebra en el mes de octubre y reúne una selección de actividades culturales y artísticas nacionales e internacionales. Se realizan exposiciones, se presentan obras de teatro, conciertos, se organizan muestras cinematográficas y toda clase de eventos que transforman la ciudad en un manantial de cultura. A ella acuden visitantes de todo México, principalmente jóvenes, para disfrutar de la cultura, divertirse y hacer amigos de otros estados del país. Las calles se llenan de vida y de alegría. Después de cada tramo, es inevitable detenerse a escuchar la música de algún solitario violinista o seguir a las estudiantinas, tan comunes en la ciudad, que recorren las calles llevando sus canciones. Quizás lo más rescatable del festival es que muchas de las actividades son gratuitas. Y es tal la afluencia de artistas que acuden a aprender de otros y a enseñar a la vez su arte, que en cada rincón de la ciudad es posible disfrutar de algún pequeño espectáculo.

6
DÍA A DÍA

En esta unidad vamos a
conocer los hábitos de nuestros compañeros

Para ello vamos a aprender:

> a hablar de hábitos > a expresar frecuencia
> a situar en el día > a preguntar y a decir la hora
> el Presente de Indicativo de algunos verbos irregulares
> los verbos reflexivos > Yo también/Yo tampoco/Yo sí/Yo no
> Primero/Después/Luego > los días de la semana

1. ¿CUIDAS TU IMAGEN?

A. ¿Crees que cuidas tu imagen? Responde a este test que publicó una revista mexicana.

TEST ¿Cuidas tu imagen?

1. ¿Cuánto tiempo necesitas para vestirte?
- ☐ a) Una hora.
- ☐ b) 20 minutos como mínimo.
- ☐ c) 5 minutos (o menos).

5. ¿Te bañas todos los días?
- ☐ a) Sí, como mínimo un par de veces.
- ☐ b) Sí, una vez al día.
- ☐ c) No, me baño dos o tres veces por semana.

2. ¿Vas mucho al salón de belleza?
- ☐ a) Una vez al mes como mínimo.
- ☐ b) Unas tres o cuatro veces al año.
- ☐ c) No, casi nunca.

6. ¿Haces ejercicio?
- ☐ a) Sí, voy al gimnasio como mínimo tres veces a la semana.
- ☐ b) Sí, los fines de semana.
- ☐ c) No, nunca.

3. ¿Te maquillas o te afeitas todos los días?
- ☐ a) Sí, todos los días.
- ☐ b) No, solo a veces.
- ☐ c) No me maquillo/afeito nunca.

7. ¿Usas crema humectante?
- ☐ a) Sí, todos los días.
- ☐ b) Sí, a veces.
- ☐ c) No uso cremas.

4. ¿Te pones perfume todos los días?
- ☐ a) Sí.
- ☐ b) No, solo en ocasiones especiales.
- ☐ c) No, nunca me pongo perfume.

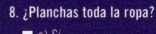

8. ¿Planchas toda la ropa?
- ☐ a) Sí.
- ☐ b) No, solo algunas cosas.
- ☐ c) No, no plancho nunca.

B. Ahora, cuenta tus respuestas y mira los resultados. ¿Estás de acuerdo? Luego, en pequeños grupos, comparen las respuestas. ¿Quién es el que más cuida su imagen?

Número de respuestas A ....

Número de respuestas B ....

Número de respuestas C ....

RESULTADOS DEL TEST

Mayoría de respuestas A
Eres una persona presumida. La imagen es muy importante para ti y te gusta tener muy buen aspecto.

Mayoría de respuestas B
Te gusta tener un buen aspecto, pero eso para ti no es lo más importante.

Mayoría de respuestas C
¡Eres un desastre! No cuidas nada tu imagen.

2. ANIMALES

A. Aquí tienes un artículo que cuenta curiosidades sobre algunos animales. Léelo y, después, completa el cuadro.

~ *Curiosidades* ~ **FAUNA** ~ *Curiosidades* ~

• El gato se lava aproximadamente 20 veces al día.

• El guepardo puede correr a una velocidad de 100 Km por hora.

BURP!

• El oso panda come entre 10 y 20 kilos de bambú al día.

• La abeja vive en una comunidad muy bien estructurada. Hay diferentes grupos que realizan diferentes trabajos.

• La hormiga levanta 50 veces su propio peso y 30 veces el volumen de su cuerpo.

• A la tortuga de tierra le gusta mucho el calor y duerme durante los meses de frío, normalmente desde octubre hasta abril.

1. .... es el animal más dormilón.
2. .... es el animal más limpio.
3. .... es el animal más rápido.
4. .... es el animal más comilón.
5. .... es el animal más organizado.
6. .... es el animal más fuerte.

B. ¿Y tú? ¿Cómo eres? Coméntalo con tu compañero.

Yo soy el/la más...	**de** mi familia.
	de mi trabajo.
	de mis amigos.
	de la clase.

3. ¿QUÉ HORA ES?

A. Observa cómo se dice la hora en español.

La una y diez.

Las doce y cuarto.

Las ocho y media.

Las ocho cuarenta.
Veinte para las nueve.

Las ocho cuarenta y cinco.
Cuarto/Quince para las nueve.

Las doce en punto.

B. ¿Puedes escribir estas horas?

A. 12:30 ....

B. 18:20 ....

C. 20:55 ....

D. 17:15 ....

E. 19:45 ....

F. 15:25 ....

4. UN DÍA NORMAL

A. Merche trabaja en una agencia de viajes. ¿A qué hora crees que hace todas estas actividades? Relaciona las actividades con las horas. Después compara tus respuestas con las de tus compañeros.

Se levanta a las…	dos y media de la tarde
Desayuna a las…	ocho de la noche
Sale de casa a las…	siete de la mañana
Empieza a trabajar a las…	seis de la tarde
Come a la…	seis y media de la mañana
Vuelve al trabajo a las…	once y media de la noche
Sale del trabajo a las…	ocho de la mañana
Llega a casa a las…	una de la tarde
Cena a las…	siete y media de la mañana
Se acuesta a las…	cinco y media de la tarde

● Yo creo que se levanta a las seis y media…

[CD 39] **B.** Ahora escucha a Merche explicando cómo es un día normal en su vida y comprueba tus respuestas.

C. En español, algunos verbos, como **levantarse**, se construyen con los pronombres **me/te/se/nos/os/se**. Se llaman verbos reflexivos. ¿Puedes encontrar otro verbo reflexivo en el apartado A? ¿Y en las páginas anteriores de esta unidad? Haz una lista en tu cuaderno con todos los que encuentres.

5. TODOS LOS DÍAS

A. Pedro es una persona un poco obsesiva y necesita anotar todo lo que hace. ¿Con qué frecuencia hace estas actividades? Completa las frases.

hacer ejercicio	cenar con amigos	hacer yoga
ir al teatro	comer con la familia	
salir con Fernando	ir a clases de inglés	

Todos los días ....

Una vez a la semana ....

Dos veces a la semana ....

Los domingos ....

Normalmente, los viernes, ...

A veces ....

A menudo ....

B. ¿Tienes algo en común con Pedro? Escríbelo.

Yo también hago ejercicio todos los días.

Lunes	Martes	Miércoles	Jueves	Viernes	Sábado	Domingo
GIMNASIO INGLÉS	FUTBOL FERNANDO	GIMNASIO INGLÉS	FUTBOL YOGA	GIMNASIO CENA CON CARMEN Y ROSA	TENIS FERNANDO	COMIDA EN CASA DE LA ABUELA
GIMNASIO INGLÉS	FUTBOL	GIMNASIO INGLÉS FERNANDO	FUTBOL YOGA	GIMNASIO "LA CELESTINA" TEATRO NACIONAL	TENIS	COMIDA EN CASA DE LA ABUELA
GIMNASIO INGLÉS	FUTBOL	GIMNASIO INGLÉS	FUTBOL YOGA	GIMNASIO CENA CON JUAN Y MARIA	TENIS FERNANDO	COMIDA EN CASA DE LA ABUELA
GIMNASIO INGLÉS	FUTBOL	GIMNASIO INGLÉS FERNANDO	FUTBOL YOGA FERNANDO	GIMNASIO CENA CON CARMEN	TENIS	COMIDA EN CASA DE LA ABUELA

VERBOS REFLEXIVOS Verbos reflexivos, pág. 135

	levantarse
(yo)	**me** levanto
(tú)	**te** levantas
(él/ella/usted)	**se** levanta
(nosotros/nosotras)	**nos** levantamos
(vosotros/vosotras)	**os** levantáis
(ellos/ellas/ustedes)	**se** levantan

Otros verbos: **despertarse, acostarse, vestirse, bañarse...**

LOS DÍAS DE LA SEMANA

**lunes / martes / miércoles / jueves / viernes
sábado / domingo ➡ fin de semana**

- ● *¿Sabes qué día es hoy?*
- ○ *¿Hoy? Lunes.*

- ● *¿Cuándo llegas?*
- ○ *El viernes a las siete de la tarde.*

- ● *¿Qué haces **los** domingos?*
- ○ *Normalmente me levanto tarde y como con mi familia.*

¿Qué día es hoy?

Domingo

LA HORA

- ● *¿Qué hora es? / ¿Qué hora tienes/tiene?*
- ○ **La** una **en punto**.
  Las dos **y** diez.
  Las cuatro **y cuarto**.
  Las seis **y media**.
  Las siete cuarenta. / Veinte **para las** ocho.
  Las diez **menos cuarto**. / Cuarto/Quince **para las** diez.

Sí, mire, faltan cinco para las cinco

¿Qué hora tiene?

- ● *¿A qué hora llega el avión?*
- ○ **A las** seis **de la mañana**. (06:00)
  A las doce **del mediodía**. (12:00)
  A las seis y media **de la tarde**. (18:30)*
  A las diez **de la noche**. (22:00)*

* En los servicios públicos se utilizan también las formas:
las dieciocho treinta, las veintidós...

SITUAR EN EL DÍA

En la mañana	**En la tarde**
A mediodía	**En la noche**

- ● ***En la mañana*** *voy a la Universidad y **en la tarde** trabajo en un bar.*

SECUENCIAR ACCIONES

Primero, ...	**Después, ...**	**Luego, ...**

- ● *Yo, **primero**, voy al baño y, **después**, me baño.
  Luego, me visto...*

EXPRESAR FRECUENCIA

Todos los días/**Todos los** sábados/**Todos los** meses...
Todas las tardes/**Todas las** semanas...

Una vez a la semana/Una vez al mes...
Dos veces a la semana/Dos veces al mes...

Los viernes/Los sábados/Los domingos...

**Normalmente
A menudo
A veces**

**(Casi) siempre
(Casi) nunca**

- ● *Yo voy al gimnasio **tres veces a la semana** como mínimo.*
- ○ *Pues yo **casi nunca** voy.*

YO TAMBIÉN/TAMPOCO / YO SÍ/NO
También, tampoco, sí, no, pág.134

- ● Yo siempre me acuesto antes de las once.
- ○ **Yo también**.
- ■ **Yo no**. Yo normalmente me acuesto a la una o a las dos.

- ● Yo nunca me levanto temprano los domingos.
- ○ **Yo tampoco**.
- ■ **Yo sí**. Yo normalmente me levanto a las ocho o a las nueve.

VERBOS IRREGULARES EN PRESENTE
Irregularidades en Presente, pág. 136

O - UE	E - IE	E - I	1ª persona del singular (**yo**)
poder	**emp**ezar	**v**estirse	**hacer**
p**ue**do	emp**ie**zo	me v**i**sto	ha**g**o
p**ue**des	emp**ie**zas	te v**i**stes	haces
p**ue**de	emp**ie**za	se v**i**ste	hace
podemos	empezamos	nos vestimos	hacemos
podéis	empezáis	os vestís	hacéis
p**ue**den	emp**ie**zan	se v**i**sten	hacen
dormir	**preferir**	**pedir**	**poner** (pon**g**o)
acostarse	**despertarse**	**servir**	**salir** (sal**g**o)

6. HORARIOS DE TRABAJO

A. Lee este artículo sobre los horarios de trabajo que tienen tres personas. ¿A quién crees que corresponde cada respuesta?

trabajoyhorarios

¿Cuál es tu horario de trabajo?

A Eso depende del turno. Cuando trabajo de día, me levanto temprano, a las 7 más o menos. Empiezo a trabajar a las 8 y, normalmente, vuelvo a casa a las 6 de la tarde. A las 3 paro un rato para comer algo. Si trabajo de noche, salgo como a las 10. Estos días llego a casa a las 7 de la mañana aproximadamente. Me acuesto siempre a una hora diferente. Por suerte, los domingos no trabajo. ¡Es mi único día de descanso!

B Depende. Algunos días trabajo muchas horas y otros casi no trabajo. Eso sí, siempre me levanto tarde, a las 10 o a las 11. Después, voy a desayunar y, luego, doy un paseo. A mediodía, vuelvo a casa, como algo y veo la tele un rato. Luego, salgo a la calle y empiezo a trabajar. A veces trabajo hasta las 9 o las 10 de la noche. Cuando termino, voy a casa, preparo la cena y leo un poco. Me acuesto a la 1 o a las 2 más o menos.

C En general duermo muy poco. Me levanto a las 8:30 o a cuarto para las 9. Las clases empiezan a las 9 y muchas veces llego tarde. A mediodía, normalmente como con mis compañeros de clase en la cafetería de la facultad y a las 3 volvemos a clase. Terminamos a las 5 o a las 6. Después, voy a la biblioteca, pero no todos los días. En la noche me gusta salir con mis amigos y, claro, nunca me acuesto antes de la 1.

1. Natalia Aparicio / 20 años / estudiante

2. Berta Rodrigo / 38 años / taxista

3. Felisa Alcázar / 51 años / pintora

B. ¿Con cuál de las tres coincides más en los horarios? Escribe como mínimo tres frases.

Yo también me acuesto tarde, como Natalia.
A mediodía como en una fonda y...

C. Busca a una persona de la clase que haga tres cosas a la misma hora que tú.

• ¿A qué hora te levantas?
o A las ocho.
• Yo también.

7. PRIMERO, DESPUÉS, LUEGO

A. ¿En qué orden haces estas cosas por la mañana?

☐ desayunar ☐ lavarte los dientes

☐ ir al baño ☐ vestirte

☐ hacer la cama ☐ maquillarte/afeitarte

☐ salir de casa ☐ bañarte

B. Coméntalo con un compañero y, luego, informa a la clase de las diferencias que te parecen curiosas.

● Yo, primero, voy al baño y después me lavo los dientes. Luego…
○ Pues yo, primero desayuno…

C. ¿Y los fines de semana? ¿Haces lo mismo?

8. YO TAMBIÉN

CD 40 **A.** Escucha a unos estudiantes que explican qué cosas hacen para mejorar su español. ¿Y tú? ¿Haces lo mismo? Reacciona y escribe tus respuestas.

Yo también
Yo tampoco
Yo sí
Yo no

1. ....

2. ....

3. ....

4. ....

5. ....

6. ....

7. ....

8. ....

B. ¿Haces otras cosas para mejorar tu español?

9. PREMIOS

A. Vamos a trabajar en parejas. Cada pareja va a entregar uno de los siguientes premios a una persona de la clase. Primero, tienen que decidir qué premio quieren dar y, luego, preparar tres o cuatro preguntas.

PREMIO AL MÁS DORMILÓN

PREMIO AL MÁS TRABAJADOR

PREMIO AL MÁS FLOJO

PREMIO AL MÁS SANO

PREMIO AL MÁS INTELECTUAL

PREMIO AL MÁS PARRANDERO

PREMIO AL MÁS DEPORTISTA

B. Pueden hacer las preguntas a los compañeros. Después, según sus respuestas, tienen que decidir a quién dan el premio.

● ¿Cuántas horas duermes normalmente?
○ Siete u ocho.
● ¿Y a qué hora te levantas?

PREMIO AL MÁS DORMILÓN	Nombre: Paolo	Nombre: Brigitte	Nombre: Damon
¿Cuántas horas duermes normalmente?	Siete u ocho.	Unas nueve.	Seis o siete.
¿A qué hora te levantas?	A las 7.	A las 10 más o menos.	A las 11.
¿A qué hora te acuestas?	A las 11 o a las 12.	A la 1.	A las 4 o a las 5.
¿Duermes la siesta?	No, nunca.	Sí, todos los días.	A veces.

C. Ahora, entreguen el premio.

● Nosotros entregamos el premio al más dormilón a… ¡Antoine!

10. ESTADÍSTICAS

A. Lee esta encuesta sobre la frecuencia con la que los mexicanos realizan una serie de actividades. ¿Crees que es igual en tu país?

B. ¿Y tú? ¿Con qué frecuencia haces normalmente las actividades anteriores? Coméntalo con un compañero.

- Yo no veo la televisión todos los días, solo a veces los fines de semana.
- Yo, en mi país, veo la televisión casi todos los días, pero aquí en México no.

ESTUDIO SOBRE EL CONSUMO CULTURAL DE LOS MEXICANOS

% TODOS O CASI TODOS LOS DÍAS	
VER TELEVISIÓN	93%
ESCUCHAR LA RADIO	58%
ESCUCHAR MÚSICA	90%
LEER PERIÓDICOS	19%
LEER LIBROS	10%
LEER REVISTAS	6%

% AL MENOS UNA VEZ AL MES	
IR AL CINE	52%
HACER CONSULTAS EN BIBLIOTECAS	4%
VISITAR MUSEOS, EXPOSICIONES...	15%
IR A BARES O CENTROS NOCTURNOS	18%
PRACTICAR DEPORTES	43%
ACUDIR A PARQUES DE ATRACCIONES	40%
ASISTIR A CONCIERTOS DE MÚSICA POPULAR	13%
ASISTIR A CONCIERTOS DE MÚSICA MODERNA	7%

FUENTE: SECTUR
RESULTADOS DE ESTUDIO DE OPINIÓN PÚBLICA SOBRE TEMAS DE COYUNTURA TURÍSTICA: TIEMPO LIBRE. CIUDAD DE MÉXICO, GUADALAJARA Y MONTERREY.

11. CUANDO ME LEVANTO

🔊 CD 41 Ordena las estrofas de esta canción. Para ello, observa el orden de los dibujos. Después, escucha y comprueba.

1
2
3
4
5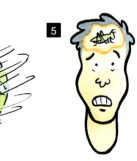
6
7

☐ Este grillo marino
que llevo dentro de la cabeza
nunca se para,
nunca me para de recordar.

☐ Dime algo,
no me digas nada,
el mar todo lo borra,
el mar todo lo ama.

☐ **1** Cuando me levanto por la mañana,
miro por la ventana
y me entran ganas de pensar.

☐ Pongo la cafetera mientras me afeito,
el café se quema y mi cabeza
también se quema de tanto pensar.

☐ Hoy empieza todo, tú y yo solos
contra el mundo dentro del mundo
y en un segundo la eternidad.

☐ Cómo es el mundo,
¿por qué somos así?,
¿por qué es tan difícil
simplemente vivir?

☐ Las vueltas y más vueltas
que da este mundo,
que no se cansa de tantas vueltas,
¿quién las puede controlar?

7

¡A COMER!

MAYOREO y MENUDEO

1. ANTOJITOS

A. Aquí tienes la carta de "Cielito Lindo", un establecimiento de comida rápida especializado en antojitos mexicanos. En parejas, hagan una lista de 15 ingredientes necesarios para preparar los platillos de las fotografías. Pueden pedir ayuda al profesor. Finalmente, clasifiquen los ingredientes en el cuadro de la derecha.

Cielito Lindo
ESPECIALIDAD EN ANTOJITOS

TORTAS

torta de chorizo y puerco
$25.00

torta de milanesa
$25.00

torta de jamón y queso
$20.00

TODOS LOS ANTOJITOS PUEDEN PEDIRSE CON
QUESO, CREMA, AGUACATE Y SALSA.

ANTOJITOS

chilaquiles
$20.00

enchiladas
$25.50

sopes
$22.00

tamales de carne
$32.00

tacos de pollo
$30.00

empanadas de carne
$35.00

envueltos de carne
$35.00

● ¿Chorizo es un embutido?
○ Sí, creo que sí. Y los sopes, ¿qué llevan?
● Carne deshebrada, lechuga y tomate.

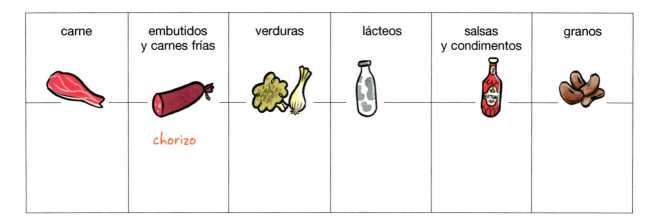

carne	embutidos y carnes frías	verduras	lácteos	salsas y condimentos	granos
	chorizo				

B. Imaginen que están en "Cielito Lindo". Uno de ustedes es el mesero y los demás son clientes. ¿Qué antojito quieren probar?

● Hola, ¿qué desea?
○ Unos tacos de carne asada, por favor.
● ¿Con salsa?
○ No, gracias.
● ¿Y usted?
■ Yo...

C. Tú también puedes hacer tu propio antojito. Ponle un nombre. ¿Qué ingredientes lleva? Explícaselo a tus compañeros.

MI ANTOJITO

nombre ....

ingredientes ....

....

● Mi torta lleva jamón, cebolla y mayonesa.
○ ¿Y cómo se llama?

~ El Buen Sazón ~

Comida corrida

ENTRADA
Sopa del día
Ensalada mixta
Caldo de res
Fideos

PLATO FUERTE
Pollo rostizado
Chiles rellenos
Enchiladas

POSTRES
Flan
Arroz con leche
Gelatina

Tortillas, aguas frescas, refrescos

$40.00 pesos más IVA
(de lunes a viernes)

2. DE ENTRADA, ¿QUÉ DESEAN?

CD 42 **A.** Es la hora de la comida en "El Buen Sazón", un restaurante típico mexicano. El mesero toma la orden a dos clientes. Marca en la carta lo que piden.

B. Aquí tienes otros platillos de "El Buen Sazón". ¿En qué parte del menú puedes encontrarlos: como entrada, como plato fuerte o como postre? Algunos pueden ser como entrada o plato fuerte. Coméntalo con un compañero.

Pollo en mole
Milanesa empanizada
Brochetas de pollo
Chilaquiles
Cortadillo
Frijoles
Dulces de leche
Verduras al vapor
Huevos rancheros
Sopa de verduras

Helado
Guacamole
Machacado con huevo
Papas con chorizo
Ensalada César
Bistec con papas
Duraznos en almíbar
Pescado a la veracruzana
Caldo de pollo
Nopales con pico de gallo

● El pollo en mole es un plato fuerte, ¿no?
○ Sí, creo que sí.

3. LA CUENTA, POR FAVOR

A. Lee estos fragmentos de diálogos. ¿Quién crees que dice cada frase: el mesero (M) o el cliente (C)? Márcalo.

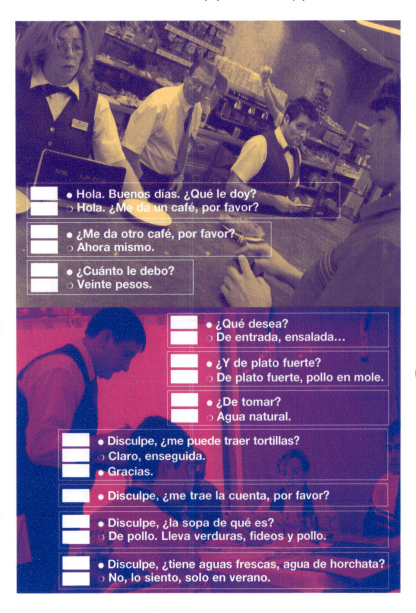

- • Hola. Buenos días. ¿Qué le doy?
- ○ Hola. ¿Me da un café, por favor?

- • ¿Me da otro café, por favor?
- ○ Ahora mismo.

- • ¿Cuánto le debo?
- ○ Veinte pesos.

- • ¿Qué desea?
- ○ De entrada, ensalada...

- • ¿Y de plato fuerte?
- ○ De plato fuerte, pollo en mole.

- • ¿De tomar?
- ○ Agua natural.

- • Disculpe, ¿me puede traer tortillas?
- ○ Claro, enseguida.
- • Gracias.

- • Disculpe, ¿me trae la cuenta, por favor?

- • Disculpe, ¿la sopa de qué es?
- ○ De pollo. Lleva verduras, fideos y pollo.

- • Disculpe, ¿tiene aguas frescas, agua de horchata?
- ○ No, lo siento, solo en verano.

B. Ahora completa tú estas frases. Son intervenciones de un cliente en un restaurante.

1. De entrada, ...
2. ...., bistec con papas.
3. Disculpe, ¿tienen ....?
4. ¿.. qué lleva?
5. ¿Me puede traer ....?

4. SITUACIONES DIFERENTES

A. Aquí tienes dos diálogos muy parecidos, pero en dos situaciones diferentes. Subraya las diferencias que encuentres.

1
- • ¿Quiere cenar, señora?
- ○ No, gracias, más tarde.
- • ¿Y de tomar desea algo?
- ○ Sí, un jugo, por favor.

2
- • ¿Quieres cenar, mi amor?
- ○ No, más tarde. No tengo hambre.
- • ¿Y de tomar quieres algo?
- ○ Ok. Un jugo.

B. ¿Qué tipo de diferencias encontraste? ¿A qué crees que se deben?

5. VERBOS

A. Subraya los verbos de estas frases. ¿A qué Infinitivo corresponden? Escríbelo en el cuadro.

Los martes siempre hago macarrones

Como casi todos los días en un restaurante

¿Qué le doy?

En un momento le traigo las tortillas

No, no tomo vino

hago ➡ hacer
....
....
....
....

B. Algunas de estas formas son irregulares. ¿Cuáles?

PRESENTE DE INDICATIVO: VERBOS **PONER** Y **TRAER**

Irregularidades en Presente, pág. 136

	poner	traer
(yo)	pon**go**	tra**igo**
(tú)	pones	traes
(él/ella/usted)	pone	trae
(nosotros/nosotras)	pon**emos**	tra**emos**
(vosotros/vosotras)	pon**éis**	tra**éis**
(ellos/ellas/ustedes)	pon**en**	tra**en**

- ● *¿Qué le **traigo**?*
- ○ *Un café.*
- ● *¿Le **pongo** crema y azúcar?*
- ○ *Sí, por favor.*

- ● *¿Me **trae** la carta por favor?*
- ○ *Sí, ahora mismo.*

GENERALIZAR: LA FORMA IMPERSONAL CON **SE** Se impersonal, pág. 138

se + 3ª persona del singular
En mi casa **se** cen**a** a las nueve y media. (= En mi casa cenamos a las nueve y media.)

se + 3ª persona del singular + sustantivo en singular
En México **se** come mucha comida picante. (= Los mexicanos comen mucha comida picante.)

se + 3ª persona del plural + sustantivo en plural
En México **se** come**n** muchos antojito**s**. (= Los mexicanos comen muchos antojitos.)

BARES Y RESTAURANTES

MESEROS	CLIENTES
Para preguntar qué quiere el cliente	Para pedir en un restaurante
¿Qué desea/n? **¿Qué le/les sirvo/doy?**	**De entrada (quiero)** sopa, y **de plato fuerte**, pollo.
¿De beber/tomar?	**(De beber/tomar)**, una cerveza, por favor.
Para ofrecer	Para preguntar por las opciones de un menú
¿Alguna cosa de postre? **¿Algún** café/licor?	**Disculpe, ¿qué hay/tienen de** entrada/plato fuerte/postre?
	Para pedir algo más
	Disculpe, ¿me trae otra agua? **Disculpe, ¿me trae un poco más de** pan?
	Para pagar
	¿Cuánto es? **¿Cuánto le debo?** **La cuenta, por favor.**

PEDIR Y DAR INFORMACIÓN SOBRE COMIDA

- ● **¿Qué es** "merluza"?
- ○ Un pescado.

- ● ¿La merluza **es** carne **o** pescado?
- ○ Pescado.

- ● **¿Qué lleva** el agua de horchata? / El agua de horchata, **¿qué lleva?**
- ○ (Pues lleva) agua de arroz, leche, azúcar, vainilla y canela en polvo.

- ● ¿La sangría **lleva** naranja?
- ○ Sí, un poco.

MANERAS DE COCINAR

Frito/a/os/as	Al horno
Guisado/a/os/as	A la plancha
Cocido/a/os/as	Al vapor
Asado/a/os/as	
Crudo/a/os/as	

- ● *El pescado, ¿cómo está hecho?*
- ○ ***A la plancha.***

GUARNICIÓN

con papas/arroz/ensalada/verduras...

- ● *¿El pollo va **con** alguna guarnición?*
- ○ *Sí, **con** ensalada o **con** papas.*

LAS COMIDAS DEL DÍA

el desayuno/ el almuerzo　　la comida　　la merienda　　la cena

Los verbos: **desayunar/almorzar**, **comer**, **merendar** y **cenar**.

- ● *¿Qué **desayunas** normalmente?*
- ○ *Un jugo de naranja y pan tostado.*

¿A qué hora es la cena?

A las nueve y media... No, mejor a las diez y media.

6. PESCADO FRESCO

A. España es el segundo país del mundo en consumo de pescado. Los españoles comen pescado de maneras muy diferentes. ¿Y en tu país? ¿Se come mucho pescado? ¿De qué maneras? Coméntalo con un compañero.

PESCADO FRESCO
de todas las maneras

frito

a la plancha

cocido

crudo

al horno

al vapor

Pescado fresco de España

● En mi país no se come mucho pescado, pero normalmente se come frito.
○ Pues en mi país, normalmente se come crudo.

B. Ahora, piensa en cómo comes tú, normalmente, estas cosas. Escríbelo en el cuadro y luego coméntalo con tu compañero.

pescado	carne	huevos	papas	pollo

> **El** pescado/pollo **lo** como...
> **La** carne **la** como...
> **Los** huevos **los** como...
> **Las** papas **las** como...

frito/a/os/as
guisado/a/os/as
cocido/a/os/as
asado/a/os/as
crudo/a/os/as

al horno
a la plancha
al vapor

● Yo no como pescado. No me gusta.
○ Yo, el pescado, normalmente lo como frito.

7. ¿CÓMO TOMAS EL CAFÉ?

A. Todos tenemos gustos diferentes cuando tomamos bebidas. Pregunta a un compañero cómo toma las siguientes bebidas.

el café
el té
la leche
el agua
la *coca-cola*
la cerveza
el vino blanco

(muy) caliente
(muy) frío/a
al tiempo
con leche
con hielo
con limón
con/sin gas
con/sin azúcar
negro
No tomo nunca.

● ¿Cómo tomas tú el café?
○ Yo no tomo nunca café. No me gusta. ¿Y tú?
● Yo, con leche y sin azúcar.

B. Explica al resto de la clase algo curioso que descubriste de tu compañero.

● John toma el café frío.

8. COCINA LATINA

A. En Latinoamérica podemos encontrar gran variedad de platillos deliciosos. ¿Conoces estos? Relaciona cada platillo con su fotografía.

- [ ] empanadillas chilenas
- [ ] ceviche peruano
- [ ] ajiaco colombiano
- [ ] moros y cristianos de Cuba

B. ¿Sabes cuáles de estos ingredientes lleva cada uno de los platillos anteriores? Coméntalo con un compañero y, luego, completen el cuadro.

pescado   pollo   papas   arroz
frijoles   carne molida   salchicha
carne de puerco   limón   harina

- Los moros y cristianos llevan frijoles, ¿no?
- Sí, y arroz.

■■■	ingredientes
empanadillas chilenas	
ceviche peruano	
ajiaco colombiano	
moros y cristianos de Cuba	

9. EL MENÚ DE HOY

A. Vamos a hacer el menú de la clase. Piensa en una entrada, en un plato fuerte y en un postre. Pueden ser cosas típicas de tu país o platillos que te gustan mucho.

B. El profesor va anotar en el pizarrón los platillos propuestos por cada uno. Si alguien no conoce alguno, lo puede preguntar.

- Yo, de entrada, propongo espagueti a la "Mariana".
- ¿Qué es?
- Es el espagueti de mi abuela. Lleva...

C. Con todos los platillos anotados, ya tenemos el menú del día de la clase. Ahora, un compañero va a ser el mesero. En el pizarrón anotará lo que pidan. Pueden organizarse en mesas, como en un restaurante.

MESERO	CLIENTE
¿Qué desea/n? ¿Qué le/les sirvo?	De entrada (quiero) sopa, y de plato fuerte, pollo.
¿De beber/tomar?	(De beber/tomar), una cerveza por favor.
¿Y de postre?	Disculpe, ¿qué hay/tienen de postre?

- Hola, buenos días.
- Buenos días.
- ¿Qué desea?
- Mire, de entrada, quiero...

D. ¿Cuáles son los platillos más pedidos?

10. CUATRO DESAYUNOS

A. Los dietistas dicen que la comida más importante del día es el desayuno, pero pocas personas toman un desayuno fuerte en casa. Aquí tienes el desayuno de cuatro personas muy diferentes. ¿Qué desayunan? Coméntalo con tus compañeros.

3. Belén. 30 años. 8:45 a.m.

1. Evelyn. 28 años. 8:00 a.m.

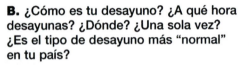

2. David. 12 años. 8:30 a.m.

4. Cuauhtémoc. 36 años. 10:45 a.m.

B. ¿Cómo es tu desayuno? ¿A qué hora desayunas? ¿Dónde? ¿Una sola vez? ¿Es el tipo de desayuno más "normal" en tu país?

11. CENAN MUY TARDE

A. Aquí tienes cuatro fotografías que muestran lugares y situaciones típicos en países de habla hispana. Relaciona cada fotografía con su pie de foto.

1. Todos los domingos, unas tapas con los amigos.

2. Como todas las mañanas, Carlos toma un café con leche en la cafetería.

3. Comen tacos en el puesto de la esquina para almorzar.

4. Toman humitas dulces para merendar.

B. Ahora, comenta con tus compañeros hábitos que observaste de los mexicanos respecto a la comida. ¿Qué cosas te sorprenden?

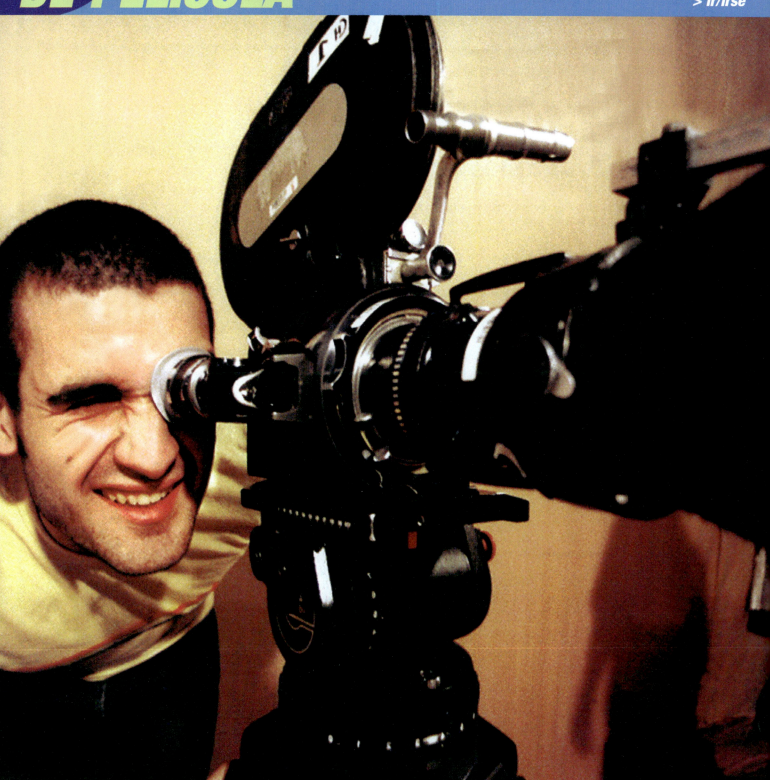

8

UNA VIDA DE PELÍCULA

En esta unidad vamos a
escribir una biografía imaginaria

Para ello vamos a aprender:
> a relatar y a relacionar acontecimientos pasados
> a hablar de la duración
> la forma y algunos usos del Pretérito
> marcadores temporales para el pasado
> empezar a + Infinitivo
> ir/irse

1. CINEMANÍA

A. Aquí tienes información sobre la historia del cine. Pero atención: algunas frases son falsas. ¿Cuáles? Coméntalo con un compañero. Su profesor tiene las soluciones.

1. Los hermanos Lumière inventaron el cinematógrafo (el primer proyector de cine) y proyectaron la primera película el 28 de diciembre de 1895.

2. Pedro Almodóvar recibió un Oscar a la mejor película extranjera por *Todo sobre mi madre* en 2000 y otro al mejor guión original por *Hable con ella* en 2003.

3. En los años 50, Marilyn Monroe hizo varias películas en Madrid.

4. Halle Berry fue la primera mujer negra que ganó un Oscar a la mejor actriz.

5. Alfred Hitchcock, el maestro del suspenso, no consiguió nunca un Oscar al mejor director.

6. *Toy Story* fue el primer largometraje realizado en su totalidad por computadora.

7. El director español Luis Buñuel vivió durante muchos años en México, donde rodó películas como *El ángel exterminador* (1962).

8. El director de cine japonés Akira Kurosawa dirigió *2001: Una odisea en el espacio*.

9. Federico Fellini nació en Monterrey en 1920.

10. Las tres películas de la trilogía de *El señor de los anillos* se filmaron al mismo tiempo en Nueva Zelanda.

> ● Los hermanos Lumière inventaron el cine…
> ○ Yo creo que es verdad, pero no sé cuándo proyectaron la primera película.
> ● Yo tampoco.

B. ¿Qué sabes del cine español o del latinoamericano? ¿Conoces a algún director, a algún actor o a alguna actriz? Coméntalo con tus compañeros.

> ● A mí me gusta bastante el cine, pero no sé casi nada del cine español ni del cine latinoamericano.
> ○ Yo conozco a Pedro Almodóvar y a Antonio Banderas.

2. PEDRO ALMODÓVAR

A. Pedro Almodóvar es probablemente el director de cine español más conocido internacionalmente. ¿Qué sabes de él? ¿Has visto alguna de sus películas? Coméntalo con tus compañeros. Después, lee el texto.

• Yo vi "Todo sobre mi madre".
◦ Yo también, es muy buena.

DATOS PERSONALES
Fecha de nacimiento: 24/09/1951
Lugar de nacimiento: Calzada de Calatrava (Ciudad Real)
Horóscopo: Libra
Color de ojos: café
Color del cabello: castaño

CURIOSIDADES
- Le gustan mucho las tapas.
- Su madre participó como actriz en varias de sus películas.
- Es muy exigente con los decorados de sus películas y elige personalmente todos los detalles, incluso la tela de un sofá.
- Su casa está llena de fotos antiguas de su padre y de su madre.

FILMOGRAFÍA
- *Pepi, Luci, Bom y otras chicas del montón* (1980)
- *Laberinto de pasiones* (1982)
- *Entre tinieblas* (1983)
- *¿Qué he hecho yo para merecer esto?* (1984)
- *Matador* (1985)
- *La ley del deseo* (1986)
- *Mujeres al borde de un ataque de nervios* (1988)
- *Átame* (1990)
- *Tacones lejanos* (1991)
- *Kika* (1993)
- *La flor de mi secreto* (1995)
- *Carne trémula* (1997)
- *Todo sobre mi madre* (1999)
- *Hable con ella* (2002)
- *La mala educación* (2004)

B. Ahora, en grupos, después de leer el texto y sin mirarlo, van a intentar recordar los datos más importantes de la vida de Pedro Almodóvar. Escríbanlo.

En 1951 ....
A los 8 años ....
En Madrid ....
En 1980 ....
En 1989 ....
En 2000 ....
En 2003 ....
Actualmente ....

ALMODÓVAR

El director de cine Pedro Almodóvar es el cineasta español de más éxito internacional. Su obra destaca por el colorido de sus decorados y por la capacidad de crear una galería de personajes excéntricos y entrañables.

Pedro Almodóvar Caballero nació en 1951 en Calzada de Calatrava (Ciudad Real). A los 8 años se fue a vivir con su familia a Cáceres. En esta ciudad extremeña estudió hasta los 16 años.

A mediados de los 60 se trasladó a Madrid, donde trabajó como administrativo en la Compañía Telefónica. En esa época, Pedro empezó a colaborar en diferentes revistas underground, escribió relatos, formó parte del grupo punk Almodóvar y McNamara y realizó sus primeros cortometrajes.

En 1980 estrenó su primer largometraje, *Pepi, Luci, Bom y otras chicas del montón*. La película fue un éxito y, al cabo de poco tiempo, Pedro decidió dejar su trabajo en Telefónica para dedicarse por completo al mundo del cine.

Con *Mujeres al borde de un ataque de nervios*, en 1989 se convirtió en el director extranjero de cine independiente más taquillero en Estados Unidos.

En 2000 su película *Todo sobre mi madre* ganó numerosos premios, entre ellos, el Oscar a la mejor película extranjera. Tres años después, recibió su segundo Oscar, esta vez al mejor guión original, por su película *Hable con ella*, que lo consagró definitivamente como el director de cine español más reconocido internacionalmente.

Pedro Almodóvar es actualmente propietario de la productora El Deseo S.A., que produce sus películas y las de otros importantes realizadores españoles.

3. AYER, HACE UN MES...

A. Lee estas frases y marca toda la información con la que coincides. Luego, coméntala con un compañero.

☐ Fui al cine la semana pasada.
☐ Ayer hice la tarea.
☐ Estuve en Cuba en junio.
☐ Anoche me acosté tarde.
☐ Viví en África del 97 al 99.
☐ El domingo comí paella.
☐ Me casé hace dos años.
☐ Empecé a estudiar español el año pasado.
☐ Hace una semana vi una película de Luis Buñuel.
☐ Anteayer compré dos boletos para ir al cine.

- Yo fui al cine la semana pasada.
○ Pues yo fui ayer.

B. En las frases anteriores aparecen verbos en Pretérito. ¿Qué marcadores temporales se usan? Escríbelos en el cuadro. ¿Puedes añadir otros?

PRETÉRITO
la semana pasada

4. UN CURRÍCULUM

A la derecha tienes el currículum de Nieves. Léelo y, luego, completa estas frases.

1. Estudió en la Universidad de Guadalajara de .... a ....

2. Llegó a Cambridge en 1996 y al .... siguiente volvió a Guadalajara.

3. Trabajó como profesora de español durante .... años.

4. Empezó la carrera en 1995 y .... después la terminó.

5. Trabajó como traductora en una editorial de la Ciudad de México hasta ....

6. Trabaja como traductora en la ONU desde ....

C. El Pretérito sirve para hablar de acciones pasadas situadas en momentos como los del apartado B. Observa cómo se forma y completa las formas que faltan.

VERBOS REGULARES

-AR estudiar	-ER comer	-IR vivir
....	....	....
estudiaste	comiste	viviste
estudió	comió	vivió
estudiamos	comimos	vivimos
estudiasteis	comisteis	vivisteis
estudiaron	comieron	vivieron

VERBOS IRREGULARES

ir	estar	hacer
....	....	......
fuiste	estuviste	hiciste
fue	estuvo	hizo
fuimos	estuvimos	hicimos
fuisteis	estuvisteis	hicisteis
fueron	estuvieron	hicieron

D. ¿Qué dos conjugaciones tienen las mismas terminaciones en Pretérito?

E. En algunos casos, la forma es la misma que en Presente de Indicativo. ¿En cuáles?

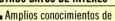

DATOS PERSONALES
- Nombre: Nieves
- Apellidos: Ruiz Camacho
- CURP: DEEE650312MTSTSTLL06
- Lugar y fecha de nacimiento: Guadalajara, 12/06/1976

FORMACIÓN ACADÉMICA
- 1995-2000   Universidad de Guadalajara. Licenciatura en Filología Inglesa.
- 1996-1997   Estudiante en Anglia University, Cambridge (Gran Bretaña).
- 2001-2002   Universidad de París-Cluny (Francia). Máster en Traducción.

EXPERIENCIA LABORAL
- 1996-1997   Mesera en The King's Pub, Cambridge (Gran Bretaña).
- 1998-2000   Profesora de Español en la Academia ELE, Guadalajara.
- 2001-2002   Traductora en la Editorial Sol, Cd. de México.
- 2002-actualidad   Traductora en la ONU, Ginebra (Suiza).

IDIOMAS
- Inglés: nivel avanzado, oral y escrito.
- Francés: nivel avanzado, oral y escrito.
- Alemán: nociones básicas.

OTROS DATOS DE INTERÉS
- Amplios conocimientos de computación y dominio de programas de edición.
- Disponibilidad para viajar.

PRETÉRITO   Pretérito, pág. 136

El Pretérito sirve para hablar de acciones terminadas y completadas en el pasado.

VERBOS REGULARES

	-AR cambiar	**-ER** nacer	**-IR** escribir
(yo)	cambi**é**	nac**í**	escrib**í**
(tú)	cambi**aste**	nac**iste**	escrib**iste**
(él/ella/usted)	cambi**ó**	nac**ió**	escrib**ió**
(nosotros/nosotras)	cambi**amos***	nac**imos**	escrib**imos***
(vosotros/vosotras)	cambi**asteis**	nac**isteis**	escrib**isteis**
(ellos/ellas/ustedes)	cambi**aron**	nac**ieron**	escrib**ieron**

- ● **Cambié** de trabajo hace dos años.

* Estas formas son las mismas que las del Presente de Indicativo.

VERBOS IRREGULARES

	estar	
(yo)	**estuv-**	**e**
(tú)	**estuv-**	**iste**
(él/ella/usted)	**estuv-**	**o**
(nosotros/nosotras)	**estuv-**	**imos**
(vosotros/vosotras)	**estuv-**	**isteis**
(ellos/ellas/ustedes)	**estuv-**	**ieron**

- ● Ayer **estuve** en casa de Roberto.

Todos los verbos que tienen la raíz irregular en Pretérito tienen las mismas terminaciones.

tener	➡	**tuv-**	
poner	➡	**pus-**	**e**
poder	➡	**pud-**	**iste**
saber	➡	**sup-**	**o**
hacer	➡	**hic*-**	**imos**
querer	➡	**quis-**	**isteis**
venir	➡	**vin-**	**ieron**
decir	➡	**dij*-**	

*él/ella/usted **hizo**
*ellos/ellas/ustedes **dijeron** ~~dijieron~~

Los verbos **ir** y **ser** tienen la misma forma en Pretérito.

	ir/ser
(yo)	**fui**
(tú)	**fuiste**
(él/ella/usted)	**fue**
(nosotros/nosotras)	**fuimos**
(vosotros/vosotras)	**fuisteis**
(ellos/ellas/ustedes)	**fueron**

- ● **Fui** al cine la semana pasada.
- ● La película **fue** un gran éxito.

MARCADORES TEMPORALES PARA HABLAR DEL PASADO

Todos estos marcadores temporales se usan con el Pretérito.

el martes/año/mes/siglo **pasado**
la semana pasada
hace un año/dos meses/tres semanas/cuatro días/...
el lunes/martes/miércoles/8 de diciembre/...
en mayo/1998/Navidad/verano
ayer/anteayer/anoche
el otro día
entonces/en esa época

- ● **¿Cuándo** llegaste a Monterrey?
- ○ **La semana pasada**.

- ● Compré el departamento **hace** un año.

- ● **¿En qué año** te casaste?
- ○ **En** 1998.

- ● **¿Qué día** empezó el curso?
- ○ **El lunes**.

EMPEZAR A + INFINITIVO

(yo)	**empecé**	
(tú)	**empezaste**	
(él/ella/usted)	**empezó**	
(nosotros/nosotras)	**empezamos**	**a** + Infinitivo
(vosotros/vosotras)	**empezasteis**	
(ellos/ellas/ustedes)	**empezaron**	

- ● **Empecé a** trabajar en una multinacional hace dos años.

RELACIONAR ACONTECIMIENTOS DEL PASADO

- ● Se casaron en 1997 y tres años **después** se divorciaron.
- ● Acabó el curso en julio y **al mes siguiente** encontró trabajo.

HABLAR DE LA DURACIÓN

- ● Vivo en Querétaro **desde** febrero.
- ● Estuve en casa de Alfredo **hasta** las seis de la tarde.
- ● Trabajé en un periódico **de** 1996 **a** 1998. (= **del** 96 **al** 98)
- ● Trabajé como periodista **durante** dos años.

IR/IRSE

- ● El domingo **fui** a una exposición muy interesante.
- ● Llegó a las dos y, media hora más tarde, **se fue***.

***Irse** = abandonar un lugar

5. UNA HISTORIA DE AMOR

A. Ordena esta historia de amor.

UN MES MÁS TARDE. PASARON UN FIN DE SEMANA EN LA PLAYA Y DECIDIERON IRSE A VIVIR JUNTOS.

DURANTE ESE TIEMPO. EN EL HOSPITAL. ROSA SE HIZO MUY AMIGA DEL DOCTOR URQUIJO. EL MÉDICO DE ÁLEX.

DOS DIAS DESPUÉS. LA LLAMÓ. QUEDARON. FUERON AL CINE Y CENARON JUNTOS.

3 DE MAYO DE 1999. ÁLEX CONOCIÓ A ROSA EN UNA DISCOTECA. SE ENAMORARON A PRIMERA VISTA.

EL 8 DE JUNIO DE 1999. ÁLEX TUVO UN ACCIDENTE. PERDIÓ LA MEMORIA. SE QUEDÓ DOS AÑOS EN COMA EN UN HOSPITAL.

EN 2001. UN DÍA ROSA FUE AL HOSPITAL CON SU AMIGA BEATRIZ. ESE DÍA ÁLEX FINALMENTE SE DESPERTÓ Y CUANDO VIO A BEATRIZ SE ENAMORÓ DE ELLA.

B. ¿Qué crees que pasó después? En parejas, escriban un final para esta historia.

6. TODA UNA VIDA

CD 43 **A.** En el programa de radio "Toda una vida" entrevistan a Mercedes Rivero, propietaria de una cadena de hoteles. Escucha la conversación y escribe qué hizo Mercedes en cada uno de estos lugares.

1. Mazatlán (1981-1982):

2. París (1982-1985):

3. La India (1985-1987):

4. Londres (1990-1997):

5. Cancún (1997 - actualidad):

B. Ahora escribe los nombres de los tres lugares más importantes de tu vida y, luego, explícale a tu compañero por qué son importantes para ti.

- Los tres lugares más importantes de mi vida son Boston, porque es donde nací, Nueva York, porque es donde conocí a mi marido, y Roma, porque allí pasamos dos años fantásticos.

7. MARÍA FÉLIX

A. María Félix fue una actriz muy conocida en Latinoamérica y en todo el mundo. ¿Sabes algo de su vida? En parejas, traten de imaginar cuáles de las siguientes cosas son verdad.

1. Nació en Argentina en los años 50.
2. Fue una gran actriz de la edad de oro del cine mexicano.
3. Tuvo éxito solo en Latinoamérica.
4. Nunca actuó en Hollywood.
5. No tuvo hijos.
6. Tuvo varios maridos y numerosos romances.
7. Creó una imagen de mujer fuerte a través de sus personajes cinematográficos.
8. Nunca se retiró del cine.

● ¿Crees que nació en los años 50 en Argentina?
○ No sé, supongo que nació en México, ¿no?

B. Lean ahora esta breve biografía de María Félix y comprueben sus hipótesis.

María Félix, la más deslumbrante belleza del cine mexicano, nació en Álamos, Sonora, un 8 de abril de 1914, en plena revolución. Tras un incipiente matrimonio con Enrique Álvarez, con el que tuvo su único hijo, Enrique, María se mudó a la Ciudad de México, donde inició su carrera cinematográfica con *El peñón de las Ánimas* (1942) al lado de Jorge Negrete. Su primer éxito importante fue *La Mujer Sin Alma* (1943), película en la que interpretó el papel de una mujer perversa de fascinante belleza morena. A partir de *Doña Bárbara* (1943), la actriz y sus personajes comenzaron a fundirse en uno solo. Muchos especialistas afirman que María Félix siempre se interpretó a sí misma en todas sus películas. Más una estrella que una actriz, construyó la imagen de una mujer dura, cuya fortaleza fue más allá del papel tradicional de la mujer latinoamericana. Emilio Fernández, El Indio, uno de los directores mexicanos más famosos de todos los tiempos, la dirigió en *Enamorada*, *Río Escondido* y *Belleza Maldita*. Esto contribuyó a afianzar su prestigio internacional y le abrió las puertas de los estudios de Argentina, España (1948-1950), Italia (1951) y Francia (1954-1955).

Su agitada vida sentimental acrecentó su popularidad y su mito de mujer fatal. Sus matrimonios con Agustín Lara (1943-1947) y Jorge Negrete (1952-1953) le crearon una imagen de "devoradora" de hombres. Su fama se extendió a toda América Latina, España, Italia y Francia. En este último país, María Félix realizó uno de los filmes que recuerda con mayor orgullo: *French Cancan* (1954), dirigido por Jean Renoir. Su rechazo a trabajar en el cine estadounidense fue legendario, por lo que su fama nunca trascendió las fronteras del norte de México. Sin embargo, a ella le bastó su triunfo nacional y su fama en los países europeos donde fue conocida como "la mexicana". Retirada del cine desde 1970, María vivió, hasta su muerte en abril de 2002, entre Francia y México, rodeada de fama y de glamour. Su hijo, ya un famoso actor, murió seis años antes que ella.

8. TU BIOGRAFÍA

A. Imagina que estamos en el año 2025 y que tienes que escribir tu biografía. Escríbela pensando en todos los proyectos que tienes y en las cosas que quieres hacer. Ten en cuenta que en los próximos años puede haber muchos cambios (políticos, tecnológicos, sociales, etc.).

Nací en Hamburgo en 1982. Terminé mis estudios de Arte Dramático en Londres en 2004. Dos años después Pedro Almodóvar me contrató para una película y al año siguiente recibí mi primer Oscar. En Hollywood conocí a Leonardo di Caprio y en 2010 nos casamos. Fuimos de luna de miel a Marte y...

B. Ahora, cada uno de ustedes va a leer su biografía a los demás. Al final, entre todos vamos a decidir quién tuvo la vida más interesante.

VIAJAR

9. BREVE HISTORIA DEL CINE MEXICANO

A. Lee esta breve historia del cine mexicano y elige uno de los títulos de la derecha para cada párrafo.

El cine llegó a México el 6 de agosto de 1896, cuando el presidente Porfirio Díaz y su familia vieron las imágenes en movimiento de los Lumière en uno de los salones del Castillo de Chapultepec. La Revolución Mexicana fue el primer gran acontecimiento histórico documentado en cine y los primeros clásicos, como *El compadre Mendoza* (1933) o *Vámonos con Pancho Villa* (1935), apuntaron hacia ella como tema principal.

Allá en el Rancho Grande (1936) fue la primera cinta mexicana que se estrenó en los Estados Unidos con subtítulos en inglés. También fue la primera cinta que ganó un premio internacional: el de mejor fotografía en el Festival de Venecia de 1938. El filme cautivó al público en todos los países de habla hispana y abrió las puertas a la gran cantidad de filmes que consolidaron la época de oro. En pocos años, el cine mexicano comenzó a exportarse a los países de lengua española. Esto hizo aparecer una nueva generación de directores como Emilio Fernández, Julio Bracho o Ismael Rodríguez. También se consolidaron en el "star system" figuras como María Félix, Mario Moreno "Cantinflas", Pedro Infante, Jorge Negrete, Sara García o Dolores del Río, quienes se hicieron famosos internacionalmente.

Al terminar la Segunda Guerra, el cine mexicano gozó durante unos años más de cierto prestigio. Sin embargo, el cine norteamericano y la aparición de la televisión representaron una seria amenaza para una cinematografía decadente. En este contexto, las compañías productoras empezaron a producir "churros": películas de bajo presupuesto, filmadas en poco tiempo, y, en general, de mala calidad. Prevaleció también el género de las rumberas y el cine que mostraba la vida en los barrios pobres de la Ciudad de México.

A principios de los años sesenta surgió una importante corriente de cine independiente, cuyo primer antecedente fue la experiencia de *Raíces* (1953). Un grupo de jóvenes críticos mexicanos y españoles iniciaron este movimiento con la filmación de *En el balcón vacío* (1961) de Jomi García Asco.

Como agua Para chocolate (1992) de Alfonso Arau impuso récords de taquilla en el mundo entero. Para el público mexicano de los noventa, títulos como *Danzón* (1991) de María Novaro, *Cronos* (1992) de Guillermo del Toro, *Miroslava* (1993) de Alejandro Pelayo o *Por si no te vuelvo a ver* (1997) de Juan Pablo Villaseñor, eran sinónimo de alta calidad. Más recientemente, cabe destacar las películas *Amores perros* (2000), de Alejandro González Iñárritu, e *Y tu mamá también* (2001), de Alfonso Cuarón.

EL CINE INDEPENDIENTE
LA ÉPOCA DE ORO
EL CINE MEXICANO EN LA ACTUALIDAD
RUMBERAS Y ARRABAL
EL CINE DE LA REVOLUCIÓN

B. ¿De cuál de las anteriores épocas crees que son estas películas? Coméntalo con tus compañeros.

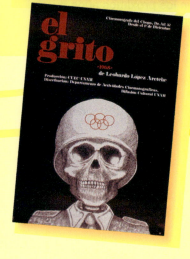

9 EL BARRIO IDEAL

1. COLONIA LA CONDESA

A. Este es el centro de la colonia La Condesa. ¿Dónde están las cosas de la lista? Escribe el número al lado.

- una zona peatonal
- un restaurante
- un parque
- contenedores de basura
- un cajero automático
- un teléfono público
- un centro comercial
- una tienda de ropa
- bares
- una estación de metro
- un estacionamiento
- una escuela
- una biblioteca
- un supermercado
- una parada de autobús

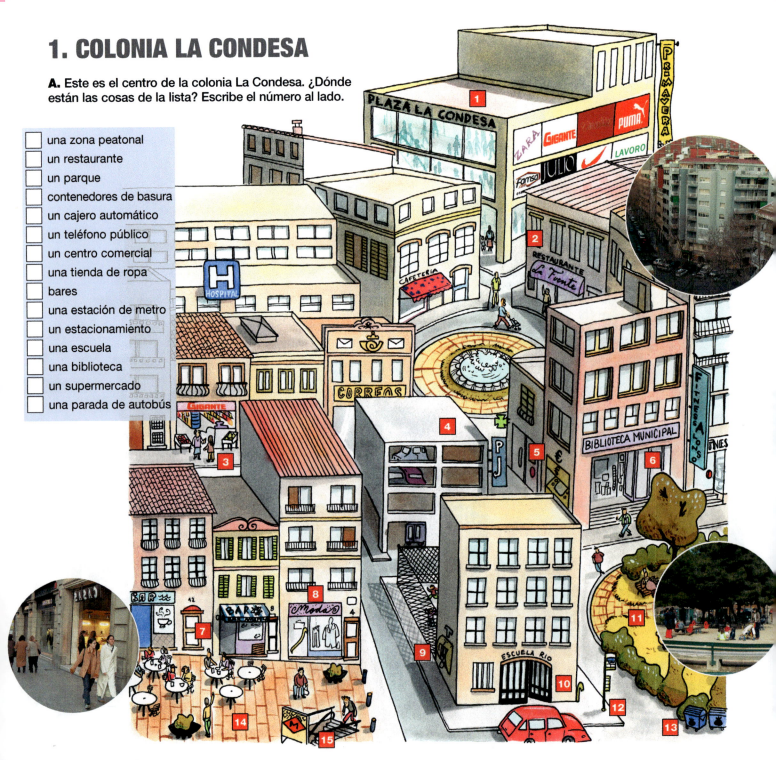

B. Ahora, completa la lista con otros servicios o establecimientos que veas en el dibujo.

C. ¿Crees que le falta algo a esta colonia? Coméntalo con un compañero.

> En esta colonia **no** hay **ningún** teatro.
> En esta colonia **no** hay **ninguna** iglesia.
> En esta colonia **no** hay galerías de arte.

D. ¿Y tú? ¿En qué colonia vives? ¿Y tu compañero? Háganse preguntas.

- ¿Dónde vives aquí?
- En el centro, en la calle Juárez.
- ¿Qué cosas hay cerca de tu casa?

9

2. HISTORIA DE UNA CIUDAD

A. Lee la siguiente información sobre la historia de la Ciudad de México. Luego, compara la ciudad de hoy en día con la de la época prehispánica y con la de la revolución. Puedes tratar diferentes aspectos: número de habitantes, arquitectura, estructura social y política, economía, problemas sociales…

ANTES DE LA LLEGADA DE LOS ESPAÑOLES

A la llegada de los españoles, Tenochtitlán tenía un millón de habitantes. Estaba situada en una zona de lagos y tenía una estructura urbana excepcional, con centros ceremoniales, palacios, edificios administrativos, mercados y complejos sistemas de *chinampas* para el cultivo de productos agrícolas. En el centro de la ciudad estaba el recinto sagrado, formado por decenas de templos y palacios, entre los que destacaba el Templo Mayor, dedicado a Tláloc (dios de la lluvia) y a Huitzilopochtli (dios del Sol). Por medio de enormes calzadas, el centro se comunicaba con las comunidades, llamadas *calpulli*, cuyos habitantes disfrutaban de tierras de cultivo. Las viviendas de adobe albergaban a varias familias, cada una en un cuarto, que compartían un patio común. En Tenochtitlán convivían todas las clases sociales: la máxima autoridad, o *Tlatoani*; los altos dirigentes, *calpulli*; los *poctecas*, ricos comerciantes; los agricultores, carpinteros y artesanos, *macehuallis*; y los siervos, *tlacotins*.

- Hacia el siglo XIII llegaron los aztecas al valle de México y fundaron Tenochtitlán sobre el lago Texcoco.
- Tenochtitlán llegó a ser una ciudad de un millón de habitantes, con un nivel de civilización superior al de las capitales europeas.
- Arrasada durante la conquista española, la capital azteca se reconstruyó como ciudad hispana.

EN TIEMPOS DE LA REVOLUCIÓN

En 1910, la ciudad tenía 471 000 habitantes. En la ciudad vivía la aristocracia (formada por hacendados, funcionarios del gobierno y profesionistas de éxito), que gozaba de todos los privilegios, mientras la clase baja vivía en condiciones miserables. Esta situación es el origen del movimiento revolucionario que tiene lugar a partir de 1910: los revolucionarios reivindicaban la repartición de las tierras entre los campesinos y la vuelta a los modos de vida tradicionales. Como resultado de este conflicto, se promulga una nueva Constitución el 5 de febrero de 1917. En ella se incorporaban ideas de todos los grupos revolucionarios y se retomaban las libertades y los derechos de los ciudadanos, como el de huelga y el de organización de los trabajadores, el derecho a la educación y el derecho de la nación a regular la propiedad privada según el interés de la comunidad. Después de la revolución, llega una etapa de estabilidad y prosperidad impulsada por la industrialización y por la paz social.

- La ciudad entró en la época moderna bajo el gobierno del dictador Porfirio Díaz, quien gobernó México de 1877 a 1911.
- En esta época, llegaron a México grandes inversiones extranjeras y la industria prosperó.
- Con la ayuda de un canal de drenaje y un túnel, Díaz secó gran parte del lago de Texcoco, lo que permitió una gran expansión de la ciudad.
- El 20 de noviembre de 1910 comenzó la Revolución Mexicana.
- La ciudad padeció las consecuencias de la guerra y el hambre, y tardó muchos años en recuperarse económica y demográficamente.

LA CIUDAD DE MÉXICO HOY

La superficie del DF es hoy diez veces la de 1940. La ciudad es el centro cultural, industrial, financiero y comercial del país y produce un tercio de su riqueza. Dos de sus mayores problemas son la pobreza y el hacinamiento, y por ello hay un alto grado de delincuencia. Desde los años 60, hay también graves problemas de tráfico y de contaminación. Sin embargo, es una ciudad que cuenta con muchas ventajas. La enorme cantidad de actividades culturales que se desarrollan ofrece la oportunidad de participar en fiestas tradicionales, asistir a espectáculos y eventos deportivos, visitar sus numerosos museos, así como de probar todas las variedades de la comida mexicana. Como buena ciudad latinoamericana, la vida nocturna se prolonga más de lo acostumbrado, así que no faltan animados centros nocturnos, salones de baile y discotecas. Desde 1997 la ciudad tiene autonomía política y elige a sus representantes locales, que contribuyen a solucionar los problemas cotidianos de los ciudadanos que habitan la metrópolis más grande del mundo.

- Capital de los Estados Unidos Mexicanos / Fundación: 1325 d.C. / Altitud: 2.240 metros sobre el nivel del mar / Clima: semiseco, templado /
- Población: 20 millones (área metropolitana). Se calcula que llegan unas 2000 personas diariamente a la ciudad para quedarse. / Extensión: 3,129 km² /
- División administrativa: 16 delegaciones / Esperanza de vida: 78 años / Una marca: la calle más larga del mundo, Insurgentes, con 25 kilómetros.

• En la época prehispánica, la ciudad tenía un millón de habitantes, en la época de la revolución tenía medio millón y hoy en día…

B. ¿Tienes alguna información sobre tu ciudad en esas épocas? ¿Cómo era?

• En 1910, París era una ciudad muy viva y…

3. MI COLONIA EN MÉXICO

A. ¿Cómo es tu colonia aquí en México?

- Yo vivo en la parte antigua...

B. Ahora, describe a un compañero la colonia donde vivías cuando eras niño. Prepara tu descripción siguiendo el modelo del ejercicio anterior.

- Cuando era niña, vivía en el campo. Era un lugar muy tranquilo y precioso. Era un poco aburrido, porque estaba lejos de la ciudad, pero a mí me encantaba. Lo que más me gustaba era que estaba cerca de un lago. Lo que no me gustaba era que no había almacenes grandes para ir de compras.

4. VARADERO

A. ¿Sabes algo sobre Varadero? Coméntalo con tus compañeros.

- Varadero es una playa...
- Sí, claro, y está en...

B. Lee las siguientes frases. ¿Hablan del Varadero actual o del antiguo?

Hoy en día, Varadero es un balneario famoso mundialmente; está en la provincia cubana de Matanzas.

Actualmente, es una pieza clave en la industria turística cubana; recibe cada año a muchos de los turistas que visitan la nación caribeña.

Entonces, era una playa tranquila y sin turismo.

En aquella época, había aborígenes que vivían en la "Cueva de los Musulmanes".

En estos momentos, cuenta con 14 000 habitaciones distribuidas en 48 hoteles.

En aquellos tiempos, vivía el *mealunus-rodes*, un animal prehistórico que servía como alimento a los aborígenes.

Ahora, después de colocar 450 000 metros cúbicos de arena, su apariencia es similar a la de hace 30 años, cuando era una playa casi desconocida y la erosión todavía no afectaba a su belleza.

C. ¿Qué palabras (verbos y expresiones) te han ayudado a saber si se trata del presente o del pasado? Subráyalas.

5. DISCULPE, ¿SABE SI HAY...?

A. En estos diálogos, unas personas preguntan cómo llegar a diferentes sitios. Relaciona las indicaciones que les dan con los planos que aparecen debajo.

Ⓐ
- Disculpe, ¿sabe si hay alguna farmacia por aquí?
- Sí, a ver, la primera... no, la segunda **a la derecha**. Está justo **en la esquina**.

Ⓑ
- Disculpa, ¿sabes si el hospital está por aquí **cerca**?
- ¿El hospital? Sí, mira. Sigues **todo derecho** y está al final de esta calle, **al lado** de la Universidad.

Ⓒ
- Disculpa, ¿sabes si hay una estación de metro cerca?
- Cerca, no. Hay una, pero está un poco **lejos**, a unos diez minutos de aquí.

Ⓓ
- Disculpe, ¿la biblioteca está en esta calle?
- Sí, pero al final. Sigues todo derecho hasta la plaza y está en la misma plaza, **a la izquierda**.

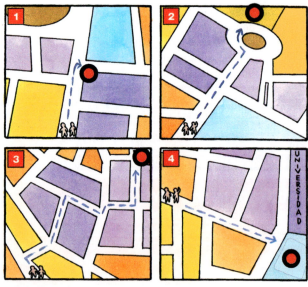

 B. Escucha y comprueba.

C. Fíjate en las expresiones que están en negrita en los diálogos. Expresan ubicación, dirección o distancia. Escríbelas debajo de su icono correspondiente.

1. .... 2. .... 3. .... 4. ....

5. .... 6. .... 7. ....

CUANTIFICADORES Cuantificadores, pág. 130

Singular
Masculino	Femenino
*ningún parque	ninguna plaza
poco tráfico	poca gente
*un parque	una plaza
*algún parque	alguna plaza
bastante tráfico/gente	
mucho tráfico	mucha gente

Plural
Masculino	Femenino
pocos parques	pocas plazas
algunos parques	algunas plazas
varios parques	varias plazas
bastantes parques/plazas	
muchos parques	muchas plazas

* Cuando se refieren a un sustantivo ya conocido y no lo repetimos, usamos las formas **ninguno, uno** y **alguno.**

- Perdona, ¿hay algún estanquillo por aquí?
- Mmm... no, no hay **ninguno.**

- En mi colonia no hay ningún parque.
- Pues en el mía hay **uno** muy bonito.

- En mi colonia no hay ningún hospital,
¿en tu colonia hay **alguno**?

EXPRESAR GUSTOS: RESALTAR UN ASPECTO

Lo que más/menos me gusta de mi colonia **es/son** + sustantivo
Lo que más/menos me gusta de mi colonia **es** + **que** + frase

- ¿Qué es **lo que más te gusta** de tu colonia?
- **Lo que más me gusta es** la gente que vive en ella y **lo que menos me gusta es que** hay pocas zonas verdes.

PEDIR INFORMACIÓN SOBRE DIRECCIONES

¿sabes/sabe **si hay** una farmacia (**por**) aquí cerca?
¿sabes/sabe **si** el hospital **está** (**por**) aquí cerca?
Disculpa/e, ¿**está muy lejos de aquí** el estadio de futbol?
¿**dónde está** la estación de metro?
¿la biblioteca **está en esta calle**?

DAR INFORMACIÓN SOBRE DIRECCIONES

| Está a | (unos) 20 minutos a pie/en metro/en coche/ en tren/en autobús/… |
| Está a | (unos) 200 metros de aquí. |

| Está | muy lejos. bastante lejos. un poco lejos. bastante cerca. muy cerca. aquí al lado. aquí mismo. |

- ¿La Universidad está muy lejos de aquí?
- ¡Qué va! **Está muy cerca. A cinco minutos a pie.**

Todo derecho	En la esquina
A la derecha (de...)	En la plaza...
A la izquierda (de...)	En la calle...
Al lado (de...)	En la avenida...
Al final de la calle	En el paseo...

- Disculpa, ¿sabes si hay alguna farmacia por aquí cerca?
- Sí, mira, hay una **al final de** la calle, **a la derecha**, **al lado de** un gimnasio.

DESCRIBIR EN EL PASADO: EL IMPERFECTO
Imperfecto, pág. 137

El Imperfecto sirve para describir circunstancias y costumbres en el pasado. Es el equivalente del Presente en el pasado.

VERBOS REGULARES
	estar	tener	vivir
(yo)	estaba	tenía	vivía
(tú)	estabas	tenías	vivías
(él/ella/usted)	estaba	tenía	vivía
(nosotros/nosotras)	estábamos	teníamos	vivíamos
(vosotros/vosotras)	estabais	teníais	vivíais
(ellos/ellas/ustedes)	estaban	tenían	vivían

VERBOS IRREGULARES
	ser	ir	ver
(yo)	era	iba	veía
(tú)	eras	ibas	veías (él/
ella/usted)	era	iba	veía
(nosotros/nosotras)	éramos	íbamos	veíamos
(vosotros/vosotras)	erais	ibais	veíais
(ellos/ellas/ustedes)	eran	iban	veían

- Tenochtitlán **tenía** un millón de habitantes.
- La ciudad **estaba** sobre un islote del lago de Texcoco.
- La gente **vivía** en casas de adobe.

6. DOS BARRIOS CON ENCANTO

A. Estos son dos barrios de dos ciudades del mundo hispano. En parejas, cada uno lee la información sobre uno de los barrios y piensa cómo lo va a explicar luego a un compañero.

PALERMO VIEJO EN BUENOS AIRES

Un barrio, inmortalizado en la literatura de Borges, que combina lo moderno y lo antiguo. En Palermo, el espíritu bohemio de la gente contrasta con los modernos bares y restaurantes. En el barrio viven muchos artistas y hay muchas galerías de arte y pintorescos bares y talleres. Las casas son antiguas y hay algunos pasajes llenos de plantas y paseos llenos de árboles. También hay varias placitas donde la gente se reúne para hacer actividades culturales. La más conocida es la plaza de Julio Cortázar, donde hay varios restaurantes que ofrecen comida de distintos países. De Palermo Viejo se dice que es el Soho porteño.

EL VEDADO EN LA HABANA

Antiguamente un bosque de difícil acceso y zona residencial de la burguesía criolla, El Vedado es hoy el corazón de la capital cubana. La principal zona del barrio es La Rampa, donde se encuentra el famoso Hotel Nacional. En el barrio hay tiendas, mercados populares de artesanía, la famosa heladería Coppelia y varios palacetes rodeados de jardines con vegetación tropical. Las calles de El Vedado son rectas y limpias. En la actualidad, el barrio ofrece mucha actividad, tanto de día como de noche: restaurantes, discotecas, cines, hoteles…

B. Ahora, explica a un compañero lo que leíste. Él tendrá que decir qué es lo que más le gusta del barrio.

- Lo que más me gusta de Palermo Viejo es que es un barrio bohemio y que hay muchas galerías de arte.

7. DESCUBRIMIENTOS

A. ¿Ya descubriste algún lugar interesante en la ciudad en la que estás: tiendas, restaurantes…? Escríbelo en la ficha.

Mis descubrimientos:

B. Ahora, con la ayuda de un plano de la ciudad en la que están, van a explicar sus "descubrimientos".

- Yo descubrí un bar muy bueno. Tocan salsa todos los días y no es muy caro. Se llama "Cruz" y está muy cerca de aquí. A ver… Está aquí…
- Pues en mi colonia hay una tienda de discos muy buena. Tienen discos viejos de jazz y de blues. Está por aquí…

C. Piensa en tres cosas, lugares o servicios que necesitas y que todavía no has encontrado. Luego, pregunta a tus compañeros para ver si te pueden ayudar. Si no, puedes buscar la información en una guía.

- ¿Saben si hay algún gimnasio por aquí cerca?
- No lo sé.
- Creo que hay uno en la plaza, al lado de la farmacia.

8. ICARIA

A. Icaria es un ejemplo de una típica ciudad española. En Icaria hay cuatro barrios. ¿En qué barrio crees que vive cada una de estas personas? ¿Por qué?

ICARIA es una ciudad con mucha historia. Está situada en la costa y no es muy grande, pero es moderna y dinámica. En Icaria hay cuatro grandes barrios: el barrio Sur, el barrio Norte, el barrio Este y el barrio Oeste.

EL BARRIO SUR es el centro histórico. Está al lado del mar y tiene una playa preciosa. Es un barrio bohemio, antiguo y con pocas comodidades, pero con mucho encanto. Las calles son estrechas y hay muchos bares y discotecas. Los alquileres no son muy caros y por eso muchos artistas y jóvenes viven allí. En el barrio viven muchos extranjeros.

EL BARRIO NORTE es un barrio nuevo, elegante y bastante exclusivo. Está situado un poco lejos del centro y del mar. Hay muchos árboles y zonas verdes. Las calles son anchas, no hay edificios altos y casi todas las casas tienen jardín. En el barrio Norte hay pocas tiendas, pero hay un centro comercial enorme, un polideportivo y un club de tenis.

EL BARRIO ESTE es un barrio céntrico y bastante elegante. Las calles son anchas y hay muchas tiendas de todo tipo. También hay muchos cines, teatros, restaurantes y varias galerías de arte. Hay, sin embargo, pocas zonas verdes.

EL BARRIO OESTE es un barrio de edificios altos, construidos la mayoría en los años 60. En el barrio no hay mucha oferta cultural, pero hay tres mercados, varias escuelas y muchas tiendas. Está un poco lejos del centro de la ciudad, pero está muy bien comunicado. Tiene un gran parque y dos centros comerciales.

1. Ester Cruz

26 años / Profesora de yoga / Vive con dos amigas / Tiene una bicicleta / Le gustan la música y el mar

2. Conchita Casas

73 años / Jubilada / Vive con su prima Sole / Le gusta mucho pasear por el parque y jugar a las cartas

3. Toni Navarro

43 años / Publicista / Vive solo / Le gusta salir a cenar con amigos / Le interesan el arte y el cine

4. Alicia Serra

32 años / Empresaria / Vive con su compañero, Álex / Tienen dos hijos y un perro / Le gusta jugar al tenis por las mañanas / Tiene una moto

- Yo creo que Alicia Serra vive en el barrio Norte porque…

CD 48-51

B. Ahora, vas a escuchar a estas personas hablando de sus barrios. Comprueba si acertaste.

C. ¿Cómo es el barrio que más te gusta de tu ciudad? Explícaselo a tus compañeros.

9. EL BARRIO IDEAL

A. Hoy tienen la oportunidad de soñar con el barrio en el que les gustaría vivir. En grupos, respondan primero a preguntas como estas.

B. Ahora, hagan un plano para explicar al resto de la clase cómo es el barrio que diseñaron. Los demás pueden hacer preguntas porque luego, entre todos, van a decidir cuál es el mejor barrio de todos.

¿Cómo se llama?
¿Dónde está?
¿Cómo es?
¿Qué hay?
¿Qué tipo de gente vive en él?

Nuestro barrio se llama Los Marineros y está al lado del mar. Es un barrio de pescadores precioso. En el barrio hay muchos restaurantes…

10. PODER LATINO

A. Fíjate en este artículo. ¿En qué ciudades crees que están los tres barrios de las fotografías? Coméntalo con tus compañeros. Luego, lee el texto.

PODER LATINO

★★★★★★★★★★✪★★★★★★★★★★★★

Los latinos en Estados Unidos suelen vivir agrupados en los mismos barrios; así que, cuando hablamos de barrios hispanos del mundo, no tenemos por qué pensar únicamente en lugares de América Latina o de España como la Boca en Buenos Aires, el Albaicín en Granada, Lavapiés en Madrid, la Habana Vieja… En East Harlem (también conocido como "El Barrio" o "Spa-nish Harlem"), en Nueva York, Puerto Rico está en el aire. Hay mucha gente en las calles: unos conversan, otros juegan al dominó, otros simplemente pasean. En las casas, en los restaurantes y en los coches se escucha una música: la salsa. De hecho, viven más puertorriqueños en Nueva York que en San Juan, la capital de Puerto Rico.

¿Y en La Misión, en San Francisco? En los restaurantes hay burritos, quesadillas, enchiladas y otros platos de la cocina mexicana adaptados al gusto americano. En las paredes de las calles hay murales enormes que recuerdan a Diego Ribera. México está presente.

¿SABES CUÁNTOS MILLONES DE HISPANOS HAY EN ESTE PAÍS?

También Cuba está presente en Little Havana. En las diez manzanas que forman este barrio de Miami hay siempre mucho tráfico y ruido. La calle principal es la famosa calle Ocho, donde se celebra el carnaval. En los parques hay hombres en guayabera fumando cigarros habanos; juegan al dominó y charlan, muchas veces de política. En las tiendas se venden productos de Cuba y en la calle se oye el inconfundible acento cubano. Un buen lugar para captar el espíritu de Little Havana es "El Versalles", un conocido restaurante con paredes cubiertas de espejos, siempre lleno de gente que habla animadamente y donde se sirve una deliciosa comida cubana.

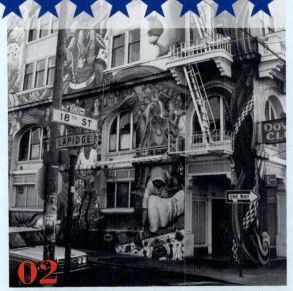
02 La Misión

03 East Harlem

01 Little Havana

01 Little Havana
02 La Misión
03 East Harlem

B. ¿Y en tu ciudad? ¿Hay barrios de gente de otros países? ¿Cómo son? ¿Existe un barrio de tu cultura fuera de tu país? ¿Dónde? ¿Sabes cómo es?

10

¿TE ACUERDAS?

En esta unidad vamos a
descubrir cosas sobre nuestro profesor

Para ello vamos a repasar cómo:

> dar y pedir información personal
> hablar de gustos e intereses
> hablar de relaciones personales
> describir el carácter de alguien
> hablar de costumbres y hábitos
> informar sobre experiencias pasadas

COMPRENDER

1. EL JUEGO DE FIN DE CURSO

Vamos a repasar los contenidos del curso con un juego. Para ello, vamos a dividir la clase en grupos. Antes de empezar, lean las reglas del juego. Para jugar, van a necesitar un dado.

1. En cada casilla tiene que responder un integrante del grupo, pero puede pedir ayuda a sus compañeros.

2. Si caes en una casilla con el icono ⏳ tienes que hablar durante medio minuto del tema que se plantea. Si lo consigues, avanzas tres casillas.

3. Si caes en una casilla con el icono 🛟 y aciertas la pregunta, ganas un salvavidas.

4. Si caes en una casilla con el icono 📖 icono estás un turno sin jugar, pero si tienes un salvavidas, te puedes salvar.

5. En las casillas rojas, si te equivocas, tienes que retroceder.

---

7. Di cinco palabras que empiecen con "m".

8. Termina estas frases:
Quiero ir a...
Quiero visitar...
Quiero salir...

9. UN TURNO SIN JUGAR

10. Di esta frase en plural:
Me interesa esta película.

11. ¿Qué te interesa de la ciudad donde estás? ¿Por qué?

12. ¿Qué quieres hacer después de este curso? Di tres cosas.

6. ¿Cómo se dice "periodista" en masculino? 🛟

16. Conjuga el Presente del verbo **trabajar**.

15. ¿Cuáles son las tres ciudades más importantes de México? 🛟

14. Di **tres** cosas que hacemos en clase de español.

13. Di tres ingredientes que puede llevar un taco. (SI NO LO SABES, RETROCEDES A LA CASILLA 10)

5. Di **tres** verbos de la **segunda** conjugación (-er).

17. Completa el diálogo:
• ¿......... es la capital de ....?
○ Buenos Aires.

18. UN TURNO SIN JUGAR

19. En mi país hay... ⏳

20. Completa el diálogo:
• ¿.................?
○ Es una comida.

4. ¿A qué te dedicas? ¿Te gusta?

25. Continúa la lista:
rojo
blanco
....
....
....

24. ¿Cómo es el **clima** en tu país?

23. Di esta frase en plural:
En la Ciudad de México hay un museo muy interesante.

22. Termina esta frase:
En México no hay...

21. ¿Cuál es la ciudad más grande del mundo hispano? (SI NO LO SABES, RETROCEDES A LA CASILLA 14)

3. Completa el diálogo:
• ¿..................... please en español?
○ "Por favor".

2. Completa el diálogo:
• ¿.....................?
○ No, soy italiana.

26. Di cinco cosas que llevas para pasar un fin de semana en la playa.

31. Trabajas en una tienda. Entra un cliente. ¿Qué dices?

32. Para aprender español tienes que... ⏳

33. Conjuga el Presente del verbo **tener**.

1. Completa el diálogo:
• ¿.................?
○ Yo, Ana.
■ Y yo, Pablo.

30. Lee estas cantidades:
839 417
45 230
200 002

34. Termina estas frases:
Me gusta...
Me encantan...
No me interesan...

27. En una tienda quieres comprar una pluma. ¿Qué dices? 🛟

28. Completa el diálogo:
• ¿.................?
○ La verde, 15 pesos y la azul, 22 pesos.

29. UN TURNO SIN JUGAR

35. Completa el diálogo:
• ¿.................?
○ A mí sí.
■ A mí no.

SALIDA

43 ¿Qué haces normalmente antes de acostarte?

44 Conjuga el Presente del verbo levantarse.

45 Di un verbo con la misma irregularidad que poder en Presente.

46 ¿Qué haces los sábados?

47 Termina esta frase: Los mexicanos nunca…

48 ¿Puedes decir 5 tipos de antojitos que puedes encontrar en México? (SI NO LO SABES, RETROCEDES A LA CASILLA 40)

42 UN TURNO SIN JUGAR

63 Completa el diálogo: •¿……………? ○El violín no, pero sé tocar la guitarra.

64 ¿Cuál es el contrario de "simpático"?

65 Completa el diálogo: •¿……………? ○Sí, varias veces. Viajé a China y a Tailandia.

49 Estás en un restaurante y quieres pagar. ¿Qué dices?

50 Di **tres** cosas que puedes pedir para comer en un restaurante en México.

41 Continúa la lista: lunes miércoles ……………… ………………

62 Conjuga el Imperfecto de **tener**.

LLEGADA

66 UN TURNO SIN JUGAR

51 Continúa la lista: a la plancha, ……………… ……………… ………………

40 Reacciona: •A mí no me gustan nada los domingos por la tarde. ○………………

61 Continúa la lista: ochenta y ocho, noventa y dos, ……………, ……………, ……………

67 ¿Cuál es el contrario de "responsable"?

52 Escoge a un compañero de tu equipo y representen la situación mesero-cliente en un restaurante.

39 Completa la frase: Mi profesor/a es bastante …………, muy ……………… y un poco………

60 ¿Qué diferencias hay entre tu barrio en tu país y tu barrio en México?

70 ¿Qué hicimos en este curso?

68 Di el participio de enviar, decir y hacer. (SI NO LO SABES, RETROCEDES A LA CASILLA 62)

53 ¿A qué hora haces estas cosas? Desayuno …………, como ………… y ceno …………

38 ¿Quién es el hijo de la esposa de tu padre?

59 Completa la frase: En mi barrio hay …, pero no hay ningún/a …

69 Conjuga el Pretérito del verbo estar.

54 UN TURNO SIN JUGAR

37 Preséntate a tus compañeros ¿quién eres?, ¿qué haces?, ¿qué te gusta?

36 Di tres tipos de **música latina**. (SI NO LO SABES, RETROCEDES A LA CASILLA 28)

58 ¿Cuál es el contrario de "cerca"? (SI NO LO SABES, RETROCEDES A LA CASILLA 51)

57 Estás en la calle y buscas la estación de autobuses. ¿Qué dices?

56 Termina esta frase: Lo que más me gusta de mi barrio es/son…

55 ¿Qué país de habla hispana te interesa más? ¿Por qué?

2. INFORMACIÓN PERSONAL

A. Estas son las respuestas de Oliver, un estudiante de español, a una serie de preguntas personales. ¿Cuáles pueden ser las preguntas? ¿Y con la forma usted?

TÚ	USTED
....	....
....	....
....	....
....	....
....	....
....	....
....	....
....	....
....	....
....	....
....	....
....	....

Oliver, Oliver G. Weigle.

Soy austríaco, de Salzburgo.

35 años.

Soy pintor y escultor.

En Salzburgo.

Aquí en Monterrey, en la calle Alfonso Reyes.

Sí, es oliver2345@yahoo.de.

Sí, es un celular: 616 331 977.

Sí, un hermano y dos hermanas.

Estudié en Bellas Artes.

Sí, mucho, la verdad es que me encanta mi trabajo.

El arroz.

B. Ahora, compara tus preguntas con las de tus compañeros.

3. PRESENTE DE INDICATIVO

A. Completa los cuadros con las formas que faltan.

VERBOS REGULARES

-AR desayunar	-ER comer	-IR vivir
desayuno	....	....
....	comes	vives
....	....	....
....	....	....
....	coméis	....
....	....	....

VERBOS IRREGULARES

O - UE poder	E - IE preferir	E - I vestirse	1ª persona del singular (yo) poner
puedo	prefiero	me visto	....
....	....	....	pones
....	....	....	....
....	preferimos	....	....
....	....	os vestís	....
....	....	....	....

B. Esta es la rutina diaria de Beto. Escribe lo que hace y a qué hora.

1. *Se levanta a las ocho en punto.*

2. ....

3. ....

4. ....

4. GUSTOS E INTERESES

A. Completa el cuadro con los pronombres que faltan.

(A mí)	**me**	
(A ti)	....	
(A él/ella/usted)	....	**gusta** el cine (NOMBRES EN SINGULAR)
(A nosotros/nosotras)	**nos**	ir al cine (VERBOS)
(A vosotros/vosotras)	....	**gustan** las películas de acción
(A ellos/ellas/ustedes)	....	(NOMBRES EN PLURAL)

B. ¿Te gustan estas cosas de tu vida en México? Escríbelo.

.... la gente.
.... la escuela.
......................los profesores.
.... la casa donde vivo.
.... la comida mexicana.
.... el horario que tengo.
.... la ciudad donde estoy.
.... mis compañeros de clase.

> Me encanta...
> Me gusta mucho...
> Me gusta bastante...
> No me gusta mucho...
> No me gusta...
> No me gusta nada...

Lo que más me gusta de mi vida en México es ....
....
Lo que menos, ...

5. ....

6. ....

7. ....

8. ....

C. ¿Y tú? ¿Qué haces todos los días? ¿A qué hora? Compáralo con un compañero y, luego, escribe en cuántas cosas coinciden.

Los dos nos levantamos a las ocho y media.

5. EXPERIENCIAS PASADAS

A. Relaciona de la manera más lógica las frases de la izquierda con una explicación de la derecha.

1. Es un tenista muy bueno.	A. Viajó mucho cuando era joven.
2. Conoce muchos países.	B. Trabajó en varios restaurantes importantes.
3. Tiene mucha experiencia como conductor.	C. Escribió muchas novelas y obras de teatro.
4. Habla ruso perfectamente.	D. Ganó muchos trofeos.
5. Es una escritora conocida.	E. Fue taxista durante años.
6. Es un cocinero muy bueno.	F. Vivió diez años en Moscú.

B. Continúa estas frases usando el Pretérito.

1. Conoce toda América Latina.

....

2. Es un profesor muy bueno.

....

3. Sabe muchas cosas sobre México.

....

4. Es un actor muy famoso.

....

5. Habla inglés muy bien.

....

6. Es muy buena persona.

....

6. VAMOS A CONTAR MENTIRAS (Y VERDADES)

A. Escribe tres enunciados con información sobre ti. Pueden ser verdaderos o falsos.

1. ....

2. ....

3. ....

B. Ahora, cada uno de ustedes lee sus enunciados de uno en uno. Los demás pueden hacer preguntas antes de decidir si es verdad o mentira.

● Viví dos años en Vietnam.
○ ¿En qué ciudad?
● Mmm...

7. ENTREVISTA A TU PROFESOR O A TU PROFESORA

A. En grupos de tres, van a escribir todo lo que saben sobre su profesor. Después, van a poner en común su información con la de sus compañeros.

....

....

....

....

....

....

B. Seguro que todavía hay muchas cosas que no saben de su profesor. En grupos, preparen preguntas con todo lo que quieran saber. Para hacerlo, pueden consultar las otras unidades del libro. Aquí tienen algunos temas sobre los que pueden preguntar.

- Cosas (muy) personales
- Cosas que le gustan o que le interesan
- Cosas que hace normalmente
- Cosas que sabe hacer
- Cosas que hizo el año pasado
- Su personalidad

C. Entre todos, van a ponerse de acuerdo para decidir qué preguntas van a hacer a su profesor. Escojan, como mínimo, las quince preguntas más interesantes y escríbanlas en el pizarrón.

¿Cuántos años tienes?

¿Tienes hijos?

¿Cuántos idiomas hablas?

¿Qué haces normalmente los fines de semana?

¿Qué tipo de música te gusta?

¿Cuál es tu escritor favorito?

¿Conoces Japón?

¿Sabes bailar salsa?

....

D. Ahora, van a hacer la preguntas a su profesor. Anoten sus respuestas en el pizarrón. ¿Descubrieron muchas cosas?

¿Cuántos idiomas hablas?

VIAJAR

8. TRES CIUDADES

A. ¿Conoces estas ciudades? Una agencia de publicidad lanzó una campaña promocional para potenciar alguno de sus aspectos más característicos. ¿Cuál te parece más atractiva? Coméntalo con tus compañeros.

SAN CRISTÓBAL DE LAS CASAS
SU ARQUITECTURA

Esta ciudad está ubicada al norte de Chiapas y se llama así en honor a Fray Bartolomé de las Casas, por su extraordinaria labor en defensa de los indígenas.

San Cristóbal de las Casas cuenta con una arquitectura donde las manos indígenas dejaron plasmado su arraigado vínculo con la naturaleza. Muestra de ello es el templo de Santo Domingo, con grecas vegetales y figuras de indios en sus retablos. Otras joyas arquitectónicas son la Catedral de San Cristóbal, con su portada barroca; la iglesia de San Nicolás, con sus pinturas en el interior; la de San Francisco y sus retablos labrados; o la iglesia de Las Monjas de la Encarnación, con su torre-arco de influencia mudéjar. Otros dos lugares interesantes son el Museo Na Bolom, "Casa del jaguar", y el mercado del pueblo, reflejo fiel de los mercados prehispánicos.

B. ¿Qué otras cosas sabes sobre San Cristóbal de las Casas, Monterrey y Querétaro? Explícaselo a tus compañeros.

C. Unas personas te van a explicar otras cosas interesantes sobre estas tres ciudades. ¿Cuál de las tres quieres visitar?

CD 52-54

MONTERREY SUS MUSEOS

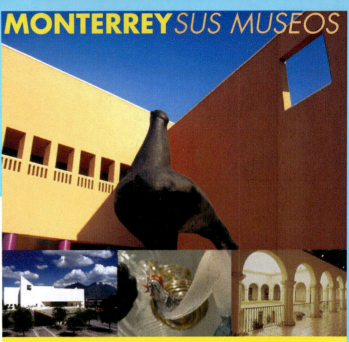

Museo de Arte Contemporáneo de Monterrey
Es uno de los centros culturales de mayor importancia en América Latina. Nace en 1991 para difundir el arte de México, de Latinoamérica y de todo el mundo en general.

Museo Metropolitano de Monterrey
Este museo era un antiguo palacio municipal. Se construyó hace más de siglo y medio y se considera monumento histórico patrimonio de la ciudad. Actualmente, en sus bellos espacios se albergan diversas muestras de expresión artística y cultural.

Museo del Vidrio
Este museo es el hogar del vidrio en México. Está en las antiguas oficinas generales de Vidriera Monterrey y en sus salas exhibe muchas de las más bellas y significativas piezas en vidrio realizadas en México y en el extranjero.

Museo de Historia Mexicana
Espacio dedicado a la difusión y a la preservación de la historia de México. Cuenta con una exposición permanente que ofrece una visión panorámica de la historia del país.

QUERÉTARO SUS FIESTAS

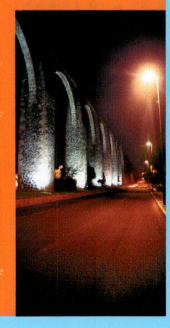

• **Día de la Santa Cruz de los Milagros**
Durante estas festividades del 12 de septiembre, hay eventos muy diversos, como las danzas nativas típicas de la región del Bajío.
• **Día de la Independencia**
El 15 de septiembre se festeja la noche en la que el Padre Hidalgo dio el Grito de Independencia, y el 16 hay un desfile cívico, seguido de una feria popular.
• **Posadas**
Todas las noches del 16 al 24 de diciembre se llevan a cabo las famosas "Posadas". El 23 se organiza un gran desfile con bandas musicales, charros, monos (enanos de inmensa cabeza), bailarines, payasos, etc. También hay carrozas tiradas por mulas en las que se llevan a cabo "pastorelas", escenificaciones de diversos episodios bíblicos.

MÁS EJERCICIOS

1. NOSOTROS

1. ¿Quién crees que puede decir las siguientes frases: él o ella?

■■■	ÉL	ELLA
1. Soy Julia.		
2. Tengo 48 años.		
3. Soy mesera.		
4. Soy mexicano.		
5. Me llamo Marcos.		
6. Soy mexicana.		
7. Tengo 26 años.		
8. Soy profesor de francés.		
9. ¿Mi pasatiempo? El mar.		
10. ¿Mi pasatiempo? La música.		

2. Continúa las series con tres números más.

1. tres, seis, nueve, ...

2. doce, catorce, dieciséis, ...
....

3. treinta, cuarenta, cincuenta, ...
....

4. veinte, treinta y cinco, cincuenta, ...
....

5. noventa y dos, ochenta y dos, setenta y dos, ...
....

6. seis, doce, dieciocho, ...
....

3. Completa estos cálculos y escribe con letras el número correcto.

1. Veinte entre (÷) dos son ....

2. Seis menos (-) .... son tres.

3. Veinte más (+) uno es ....

4. Siete por (x) dos son ....

5. Treinta menos siete son ....

6. Diecinueve menos cuatro son ....

7. Cien menos .... es uno.

8. Cuarenta y ocho menos .... son veintiséis.

9. Cuatro más ocho son ....

10. Diez entre dos son ....

4. Busca palabras en español que empiecen con las siguientes letras. Asegúrate de que las entiendes.

B ....
N ....
D ....
P ....
F ....
R ....
J ....
T ....
L ....
V ....

5. El recepcionista de un hotel te pide tus datos. Completa el diálogo.

● Hola, buenos días.

○ Hola.

● Su nombre, por favor.

○ ....

● ¿Nacionalidad?

○ ....

● ¿Profesión?

○ ....

● Muchas gracias.

○ De nada. Hasta luego.

● Adiós.

6. ¿En qué profesiones se utilizan estas cosas?

cocinero/a   médico/a   futbolista   policía

jardinero/a   carpintero/a   mecánico/a

programador   albañil   cantante

1. ....

2. ....

5. ....

6. ....

3. ....

4. ....

7. ....

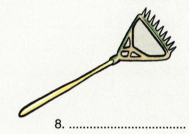

8. ....

9. ....

10. ....

---

7. Completa las preguntas con las palabras que faltan.

1. ● ¿ .... qué te dedicas?
   ○ Soy estudiante.

2. ● ¿ .... te llamas?
   ○ Alberto.

3. ● ¿ .... años tienes?
   ○ 25.

4. ● ¿ .... dónde eres?
   ○ Soy holandés.

5. ● ¿ .... se escribe "banco"? ¿Con "b" o con "v"?
   ○ Con "b".

6. ● ¿ .... se dice *hello* en español?
   ○ Hola.

7. ● ¿ .... mexicano?
   ○ No, soy español.

8. ● ¿ .... significa "gracias"?
   ○ *Thank you*.

8. Marca la respuesta correcta.

1. Hola, ¿qué tal?
a) ☐ Sí, estudio.
b) ☐ Veintitrés.
c) ☐ Hola.

2. ¿Cómo estás?
a) ☐ Muy bien, y ¿tú?
b) ☐ Soy de París.
c) ☐ Adiós.

3. Adiós.
a) ☐ Buenos días.
b) ☐ Hasta luego.
c) ☐ De nada.

4. Buenos días.
a) ☐ Gracias.
b) ☐ Buenos días.
c) ☐ Mucho gusto.

5. ¿Cómo te llamas?
a) ☐ Igualmente.
b) ☐ Trabajo en un banco.
c) ☐ Me llamo Daniel.

6. ¿De dónde eres?
a) ☐ Trabajo en Berlín.
b) ☐ Veintidós.
c) ☐ Soy de México.

7. ¿Cuántos años tienes?
a) ☐ Mi apellido es Ruiz.
b) ☐ Mucho gusto.
c) ☐ Veintiuno.

8. ¿Eres estudiante?
a) ☐ Soy de México.
b) ☐ Sí, estudio Medicina.
c) ☐ Trabajo de mesero.

9. ¿Cuál es tu apellido?
a) ☐ Soy Daniel.
b) ☐ Me llamo Daniel.
c) ☐ López.

10. ¿Eres mexicana?
a) ☐ No, soy sueca.
b) ☐ Trabajo en Suecia.
c) ☐ Soy estudiante.

9. ¿Cómo puedes responder a las siguientes frases?

1. ● Buenas tardes.
   ○ ....

2. ● ¿Cómo estás?
   ○ ....

3. ● ¿Cómo se llama usted?
   ○ ....

4. ● Adiós.
   ○ ....

5. ● Mucho gusto.
   ○ ....

6. ● ¿Qué tal?
   ○ ....

7. ● Muchas gracias.
   ○ ....

8. ● Hasta mañana.
   ○ ....

10. ¿De dónde proceden estas cosas? Escribe al lado de cada cosa la nacionalidad que crees que le corresponde.

brasileño/a   italiano/a   portugués/esa

estadounidense   español/a

japonés/esa   francés/esa   ruso/a

argentino/a   indio/a

1. el tango: *argentino*
2. el queso Camembert: ....
3. la pizza: ....
4. el curry: ....
5. el vodka: ....
6. la *coca-cola*: ....
7. la bossa nova: ....
8. el fado: ....
9. el sushi: ....
10. la paella: ....

11. Hoy es el primer día de clases. Completa los diálogos que se dan entre los alumnos con el Presente de Indicativo de los verbos en paréntesis.

1. **MIKE:** ¿ .... (*tener, tú*) clases todos los días?
   TIM: Sí, ... (*tener*) clase diaria de español.

2. **TOM:** ¿Cómo .... (*llamarse, tú*)?
   JOHN: .... (*llamarse*) John y mi apellido es Rose.
   TOM: ¿Cuántos años .... (*tener*)?
   JOHN: .... (*tener*) veinte años.

3. **ANA:** ¿ .... (*hablar, tú*) español?
   ERIC: No, no .... (*hablar*) nada de español.
   Lo siento. ¿Tú .... (*hablar*) inglés?
   ANA: Sí, un poco. Y, ¿de dónde .... (*ser, tú*)?
   ERIC: Mis padres .... (*ser*) alemanes, pero yo
   .... (*ser*) estadounidense.

4. **MARY:** ¿En qué .... (*trabajar*) María?
   ANA: María .... (*ser*) maestra. .... (*trabajar*)
   en la Universidad.

2. QUIERO APRENDER ESPAÑOL

1. Escribe las formas que faltan.

	escuchar	trabajar	comprar
(yo)	escucho	....	compro
(tú)	....	trabajas	....
(él/ella/usted)	escucha	....	compra
(nosotros/as)	....	trabajamos	....
(vosotros/as)	escucháis	....	compráis
(ellos/ellas/ustedes)	....	trabajan	....

2. Fíjate en el verbo **comer** y escribe las formas de **leer** y **aprender**.

	comer	leer	aprender
(yo)	como	....	....
(tú)	comes	....	....
(él/ella/usted)	come	....	....
(nosotros/as)	comemos	....	....
(vosotros/as)	coméis	....	....
(ellos/ellas/ustedes)	comen	....	....

3. Coloca las formas verbales al lado del pronombre correspondiente.

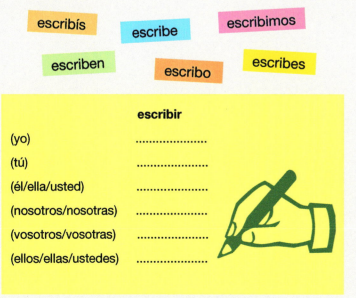

escribís   escribe   escribimos
escriben   escribo   escribes

escribir	
(yo)	....
(tú)	....
(él/ella/usted)	....
(nosotros/nosotras)	....
(vosotros/vosotras)	....
(ellos/ellas/ustedes)	....

4. Completa las siguientes oraciones con el Presente de Indicativo de los verbos en paréntesis.

1. No .... (hablar, yo) muy bien español porque .... (llevar, yo) solo una semana en México.

2. Luisa .... (estudiar) inglés porque .... (querer, ella) vivir en Estados Unidos.

3. ● ¿Dónde .... (trabajar) tu padre?
   ○ Mi padre .... (trabajar) en la Universidad. .... (ser) profesor.

4. Durante las vacaciones .... (viajar, yo) por México. Este año .... (querer, yo) visitar Mazatlán, Zacatecas y la Ciudad de México.

5. Randall y Mayensi .... (bailar) salsa y cumbia en la clase de ritmos latinoamericanos.

6. Los fines de semana .... (comer, nosotros) en un restaurante de comida típica mexicana.

7. Mis padres .... (vivir) en Guadalajara. ¿Dónde .... (vivir) tus padres?

8. Las tiendas .... (abrir) a las 10 de la mañana los fines de semana.

9. John .... (aprender) español porque quiere tener amigos mexicanos.

10. Juan .... (hablar) muy rápido. A veces no .... (comprender, yo).

5. El día de hoy nuestros compañeros de clase hacen muchas cosas diferentes pues es sábado. Completa las frases que hablan de estas acciones con un verbo del recuadro.

> **comprar   comprender   escribir**
> **comer   cenar   leer   practicar**
> **escuchar   vivir   hacer**

1. Raúl y Gina .... mucho ejercicio. Todos los

   días .... durante dos horas rutinas de karate.

2. Vincent .... libros en español para aprender

   más vocabulario.

3. ● ¿Dónde .... (tú) el periódico?

   ○ Lo .... (yo) en la revistería cerca de mi casa.

4. ● ¿Sabes dónde .... John?

   ¿ .... en las residencias de la Universidad?

   ○ No, creo que .... con una familia mexicana.

5. Lisa .... poesía. Le interesa mucho

   la literatura latinoamericana.

6. Mis amigos Lisa y Bert .... muchos

   antojitos mexicanos. Les gustan mucho.

7. Ulrich .... la invitación para la fiesta

   de bienvenida.

8. Por lo general, (yo) .... con mi familia

   a las 8:30 p.m.

9. Taylor .... siempre música mexicana.

10. Nosotros .... bastante bien el español

    cuando la gente habla despacio.

6. ¿Te interesan estas cosas? Escribe frases.

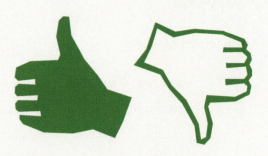

1. El futbol:

2. Aprender español:

3. Las matemáticas:

4. La cumbia:

5. Las peleas de gallos:

6. La gramática:

7. La política:

8. Los deportes:

9. Los idiomas:

10. El jazz:

7. ¿Interesa o interesan?

1. A mí no me .... el baloncesto.

2. A nosotros nos .... aprender español.

3. A Juan no le .... las matemáticas.

4. A mis compañeros no les .... la cumbia.

5. ¿Te .... las peleas de gallos?

6. ¿No les .... la gramática?

7. ¿A ti te .... la religión?

8. A Alberto le .... los deportes acuáticos.

9. A ellos les .... los idiomas.

10. ¿Les .... el hip hop?

8. Relaciona los elementos de los dos cuadros para construir frases lógicas.

1. ☐ 4. ☐
2. ☐ 5. ☐
3. ☐ 6. ☐

1. Quiero aprender español para...
2. Quiero vivir con una familia mexicana para...
3. Quiero ir a la Ciudad de México para...
4. Quiero visitar el Museo de Antropología e Historia porque...
5. Quiero ver películas en México porque...
6. Quiero comprar muchos discos porque...

A. ... me interesa el cine mexicano.
B. ... quiero conocer sobre las culturas mesoamericanas.
C. ... me interesa mucho la música mexicana.
D. ... visitar el Zócalo.
E. ... hablar con mi amigo de España.
F. ... practicar español en casa.

9. ¿Qué artículos acompañan a las siguientes palabras?

el   la   los   las

.... gente
.... aula
.... playas
.... canciones
.... empresa
.... región
.... visita
.... edades
.... plumas
.... hoteles
.... apellido
.... semanas
.... compañeros
.... escritorio
.... discoteca
.... país
.... viaje
.... nacionalidades

.... ciudad
.... toros
.... museos
.... música
.... historia
.... pueblos
.... cine
.... comida
.... guitarra
.... arte
.... literatura
.... política
.... teatro
.... naturaleza
.... gramática

.... ventana
.... joven
.... noches
.... idiomas
.... pronunciación
.... pizarrón
.... vasos
.... curso
.... luna
.... número
.... ejercicio
.... clase
.... deportes
.... silla
.... película
.... postal
.... presentación
.... antro

.... cuadernos
.... lugar
.... bares
.... pared
.... grabación
.... amigos
.... cumbia
.... computadora
.... foto
.... francés
.... mochila
.... carros
.... libros
.... plato
.... alemán
.... gis
.... metro
.... nombres

3. ¿DÓNDE ESTÁ SANTIAGO?

1. Lee la información sobre Monterrey y sobre Oaxaca y, luego, completa las frases con **hay**, **es/son** o **está/están**.

MONTERREY

MONTERREY ESTÁ SITUADA A 174 MILLAS AL SUR DE LA FRONTERA CON TEXAS. SE LA CONOCE COMO LA CIUDAD DE LAS MONTAÑAS.

Si quieres conocer bien la ciudad, es recomendable:

- visitar el Museo Cultural Alfa, con su gran planetario que cuenta con pantalla IMAX.
- disfrutar de los formidables sabores de la gastronomía regia, como lo es el cabrito.
- admirar la extraordinaria naturaleza de las Grutas de García.

OAXACA

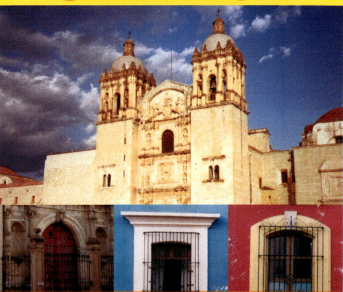

OAXACA OFRECE NUMEROSOS EJEMPLOS DE ARQUITECTURA BARROCA, PLATERESCA, RENA-CENTISTA Y NEOCLÁSICA.

Para conocerla bien, es importante:

- visitar la Catedral y los templos de Cuilapan, de la Compañía de Jesús, de San Agustín, de San Juan de Dios, de San Felipe Neri y de Santa Catalina de Siena, entre otros.
- ir a los museos Casa de Juárez, de Arte Contemporáneo, de Arte Prehispánico Rufino Tamayo, etc.
- probar el mezcal, un aguardiente de agave original de la región.

1. En Monterrey .... muchas montañas.

2. Monterrey .... a 174 millas al sur de la frontera con Estados Unidos.

3. Oaxaca .... una de las ciudades coloniales por excelencia del país.

4. El cabrito .... un platillo típico de los regios.

5. Las Grutas de García .... en Monterrey.

6. .... muchos museos en Oaxaca.

7. En el Museo Cultural Alfa de Monterrey .... un planetario.

8. Los templos de Cuilapan y de San Felipe Neri .... dos excelentes ejemplos de la arquitectura oaxaqueña.

9. El mezcal .... una bebida típica de Oaxaca.

2. Completa estas frases con **hay, es/son** o **está/están.**

1. El mate .... una bebida típica argentina.

2. Las lenguas oficiales de Paraguay .... el español y el guaraní.

3. Ciudad Juárez .... en el norte de México.

4. En Venezuela .... mucho petróleo.

5. Quito y Guayaquil .... las dos ciudades más importantes de Ecuador.

6. Las playas de Punta del Este .... en Uruguay.

7. Cartagena de Indias .... una ciudad muy turística.

8. En Cuba .... unas playas fantásticas.

9. Valparaíso .... en Chile.

10. En Panamá .... un canal muy famoso.

3. Escribe una pregunta posible para cada respuesta.

1. ● ....
   ○ En África.

2. ● ....
   ○ Templado.

3. ● ....
   ○ ¿Elefantes? ¡No!

4. ● ....
   ○ El portugués.

5. ● ....
   ○ Es un país tropical y muy turístico.

6. ● ....
   ○ El peso mexicano.

7. ● ....
   ○ Es una bebida.

8. ● ....
   ○ La Habana.

9. ● ....
   ○ Cuatro. El castellano, el catalán, el vasco y el gallego.

10. ● ....
    ○ Un platillo típico mexicano.

4. ¿Cómo es el clima en estos países? Escribe frases.

Cuba   Etiopía   España   Finlandia

Gran Bretaña   Grecia   Canadá

Estados Unidos   Egipto   China

llueve mucho / no llueve mucho / hace mucho frío y nieva / tiene un clima tropical / el clima es templado / hace calor y no llueve / hay muchos climas diferentes

En Gran Bretaña llueve mucho.

5. Imagina que eres una estudiante extranjera y que estás en la primera semana de clases. Estás en la cafetería de la Universidad y un chico mexicano quiere conocerte y se acerca a tu mesa. Completa el diálogo con **qué** o **cuál.**

Mario: ¡Hola! ¿Puedo sentarme contigo?
Cristal: Perdón, no entiendo.
Mario: Hola, me llamo Mario. ¿ .... es tu nombre?
Cristal: Cristal.
Mario: ¿Puedo sentarme contigo?
Cristal: Ah, sí.
Mario: ¿ .... es tu nacionalidad?
Cristal: Soy canadiense.
Mario: ¿Y .... es tu carrera?
Cristal: ¿Carrera? ¿ .... es "carrera"?
Mario: "Carrera" es igual a estudios. Por ejemplo, mi carrera es Ingeniería Mecánica; yo estudio Ingeniería Mecánica.
Cristal: ¡Ah! Mi carrera es "Marketing", pero aquí solo estudio español. ¿ .... es la traducción de "Marketing"?
Mario: Mercadotecnia. Pues, bienvenida. ¿Te gusta México?
Cristal: Sí, mucho.
Mario: ¿Vas a comer? ¿ .... quieres pedir?
Cristal: No sé. ¿ .... son los chilaquiles?
Mario: Son tortillas con salsa de tomate y queso.
Cristal: Bueno, quiero chilaquiles.
Mario: Yo también voy a comer chilaquiles.

6. Observa este mapa y vuelve a leer las fichas de la página 26. Luego, contesta a las siguientes preguntas.

1. ¿Qué país está al norte de México?

....

2. ¿Qué países están al sur de Bolivia?

....

3. ¿Dónde está Jamaica?

....

4. ¿Cuántos países hay en Centroamérica?

....

5. ¿Dónde está Chihuahua?

....

6. ¿Cuál es la capital de Venezuela?

....

7. ¿Cuál es el idioma oficial de Venezuela?

....

8. ¿Dónde está Río Gallegos?

....

9. ¿A qué país pertenecen las islas Galápagos?

....

10. ¿Cuál es la moneda oficial de Uruguay?

....

7. Sigue el modelo y construye frases usando el superlativo.

La Ciudad de México / la ciudad / grande / México
La Ciudad de México es la ciudad más grande de México.

1. El Pico Bolívar / la montaña / alta / Venezuela

....

2. Cuba / la isla / grande / el Caribe

....

3. El flamenco / el tipo de música / conocido / España

....

4. El Machu Picchu / las ruinas incas / importantes / el mundo

....

5. El Hierro / la isla / pequeña / las Canarias

....

8. Completa estas frases con **muy, mucho/a/os/as**.

1. En las selvas hay .... humedad.

2. Las selvas son .... húmedas.

3. En las zonas tropicales llueve ....

4. En esta región hay .... plantas tropicales.

5. En el trópico la gente usa ropa de algodón porque es .... fresca.

6. En el desierto de Chihuahua hace .... calor por el día.

7. Los desiertos son .... calientes durante el día.

8. En Canadá hace .... frío durante el invierno y nieva ....

9. Cuando hace frío, hay que usar ropa .... gruesa.

10. La ropa térmica es .... cara.

9. Completa las frases con estas palabras.

península   puerto   montaña
isla   ciudad
río   cataratas   cordillera

1. El Nilo es el .... más largo de África.

2. Cuba es una .... del Caribe.

3. El Everest es la .... más alta del mundo.

4. Bilbao es una .... del norte de España.

5. El .... de Rotterdam es el más grande de Europa.

6. La .... de los Andes está en Sudamérica.

7. Portugal está al oeste de la .... Ibérica.

8. Las .... de Iguazú están en la frontera entre Argentina y Brasil.

10. Escribe un pequeño texto describiendo tu país.

4. ¿CUÁL PREFIERES?

1. Completa el cuadro con las formas que faltan.

	tener	preferir
(yo)	tengo	....
(tú)	....	....
(él/ella/usted)	....	....
(nosotros/nosotras)	....	....
(vosotros/vosotras)	....	preferís
(ellos/ellas/ustedes)	....	....

2. Coloca las formas verbales al lado del pronombre correspondiente.

	ir
(yo)	....
(tú)	....
(él/ella/usted)	....
(nosotros/nosotras)	....
(vosotros/vosotras)	....
(ellos/ellas/ustedes)	....

vas vais voy va vamos van

3. ¿Qué hay en la maleta? Escríbelo.

Una falda amarilla, ...

....

....

....

....

....

4. ¿Qué ropa usas en cada caso? Escríbelo.

☀ 30°	🌧 15°	❄ 0°
....	....	....
....	....	....
....	....	....
....	....	....
....	....	....

5. Escribe estas cifras con letras.

456 $: cuatrocientos cincuenta y seis pesos

267 $: ....

876 £: ....

745 $: ....

578 $: ....

934 £: ....

888 $: ....

134 £: ....

193 $: ....

934 £: ....

6. Completa estos diálogos con las palabras o expresiones que faltan.

1. ● Buenos días. ¿ .... plumas?
   ○ ¿Plumas? No, no tenemos.

2. ● Buenos días, ... unos zapatos.
   ○ ¿ ....?
   ● Negros o azules.

3. ● ¿Cuánto .... estos zapatos?
   ○ 400 pesos.

4. ● Esta mochila roja, ¿cuánto ....?
   ○ 250 pesos.
   ● ¿Y esta verde?
   ○ 180 pesos.
   ● Pues .... la verde.

7. Martha pregunta los precios de muchas cosas.
¿Qué frases usa en cada caso? Escríbelo.

¿Cuánto	cuesta	este esta	traje/s de baño? sandalia/s? paraguas? zapato/s?
	cuestan	estos estas	mochila/s? suéter/es? bikini/s? camiseta/s

3

....

4

....

¿Cuánto cuestan estas camisetas?
....

5

....

1

....

6

....

2

....

7

....

8. ¿Puedes escribir con letras los números que faltan?

100	....	400	cuatrocientos/as
101	ciento uno/a	500	quinientos/as
102	....	566	....
110	ciento diez	600	seiscientos/as
120	....	700	setecientos/as
160	ciento sesenta	766	....
200	doscientos/as	800	ochocientos/as
244	....	888	....
300	trescientos/as	900	novecientos/as
310		999	

1000	mil	100 000	cien mil
1012	mil doce	400 000	....
1150	mil ciento cincuenta	489 000	....
1456	....	1 000 000	un millón
10 000	diez mil	1 010 000	un millón diez mil
10 013	....	1 120 000	....
10 670	diez mil seiscientos/as setenta	3 444 000	tres millones cuatrocientos/as cuarenta y cuatro mil
20 000	....		
70 345	....	7 500 029	....

9. Contesta de acuerdo con la información dada en paréntesis, como en el ejemplo.

¿Qué pantalones prefieres comprar? (blancos, no azules)

Los blancos, no los azules.

1. ¿Qué traje vas a comprar?   (azul, no verde)

2. ¿Cuál es el cinto que prefieres comprar?   (negro, no café)

3. ¿Cuál es la blusa que vas a comprar?   (rosa, no morada)

4. ¿Qué pantuflas vas a comprar?   (blancas, no negras)

5. ¿Qué sudaderas prefieres?   (celestes, no azules)

6. ¿Cuál es el gel que vas a comprar?   (barato, no caro)

7. ¿Qué tipo de zapatos prefieres comprar?   (de tacón, no de piso)

8. ¿Qué camiseta vas a comprar?   (de manga corta, no manga larga)

9. ¿Cuál es el vestido que vas a comprar?   (de talla mediana, no de talla grande)

10. ¿Qué lentes de sol prefieres?   (modernos, no conservadores)

10. Relaciona las dos columnas para formar un diálogo.

● ¡Hola buenas tardes! ¿En qué puedo servirle?	○ La siete, por favor.
● ¿Qué prefiere: los pantalones negros o los pantalones azul marino?	○ Quiero ver los baratos.
● ¿Qué talla usa: mediana o grande?	○ Buenas tardes, busco un pantalón de algodón color oscuro.
● ¿Prefiere la talla siete o la talla nueve?	○ Soy talla mediana.
● Tenemos pantalones de todos precios. ¿Quiere ver los pantalones caros o los pantalones baratos?	○ Los negros.

11. Imagina que vas a una tienda a comprarte unos lentes de sol. Elabora el diálogo entre tú y la vendedora de acuerdo con las indicaciones que se te dan.

VENDEDORA: .... *(Saludar al cliente.)*

TÚ: .... *(Responder al saludo. Decir qué quieres comprar.)*

VENDEDORA: .... *(Preguntar por las preferencias del cliente.)*

TÚ: .... *(Explicar qué tipo de lentes quieres comprar.)*

VENDEDORA: .... *(Hablar de las opciones que hay.)*

TÚ: .... *(Preguntar por el precio y por la forma de pago.)*

VENDEDORA: .... *(Dar el precio y explicar las opciones de pago.)*

TÚ: .... *(Pagar y dar las gracias.)*

5. TUS AMIGOS SON MIS AMIGOS

1. Lee de nuevo los textos de la actividad 2 (pág. 43). Ahora, escribe un texto parecido con tu descripción.

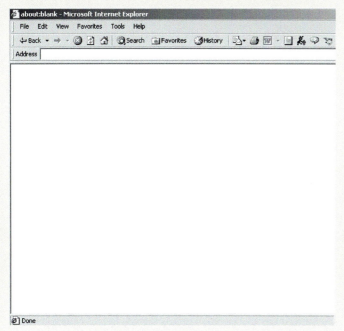

2. ¿Consideras que eres una persona con los gustos "típicos" de tu país? Escribe cinco frases hablando de diferentes temas: deporte, ocio, televisión, comidas, bebidas, vacaciones…

A los brasileños, en general, les gusta mucho el fútbol, pero a mí no me gusta nada.

1. ....
....

2. ....
....

3. ....
....

4. ....
....

5. ....
....

3. ¿A qué se refieren estas personas en cada caso? Márcalo.

1. No me gustan mucho.
   - ☐ a) las fiestas
   - ☐ b) el jazz

2. Me gusta mucho.
   - ☐ a) las películas de acción
   - ☐ b) el cine

3. Me encantan.
   - ☐ a) pasear con mis perros
   - ☐ b) los perros

4. No me gusta nada.
   - ☐ a) bailar
   - ☐ b) las discotecas

5. Sí, sí que me gusta.
   - ☐ a) la música étnica
   - ☐ b) las enchiladas

6. Me gusta, me gusta.
   - ☐ a) esta escuela
   - ☐ b) las clases de español

4. Continúa estos diálogos.

1. A Hugo le gusta mucho la música brasileña.
   - 🙂 Juan   *A mí también.*
   - 😠 Luisa   ....
   - 🙁 Mercedes ....

2. A mi prima le encanta dormir hasta tarde los domingos por la mañana.
   - 🙁 Juan   ....
   - 🙂 Luisa   ....
   - 🙂 Mercedes ....

3. A mis padres no les gusta nada la televisión.
   - 😠 Juan   ....
   - 🙂 Luisa   ....
   - 🙂 Mercedes ....

4. A mí no me interesa mucho la política.
   - 🙂 Juan   ....
   - 😠 Luisa   ....
   - 😠 Mercedes ....

5. Elige a cinco personas de esta lista y escribe, con los siguientes verbos, una frase sobre cada una de ellas.

(A) Mi papá
(A) Mi mamá
(A) Mi hermano/a...
(A) Mi tío/a...
(A) Mi abuelo/a...
(A) Mi novio/a
(A) Mi amigo/a...
(A) Mi jefe/a
(A) Mi compañero/a de casa/departamento

es...

le gusta...   tiene...   se llama...

vive...

1. ....
2. ....
3. ....
4. ....
5. ....

6. Utiliza los adjetivos que se dan en cada caso para describir la personalidad y el aspecto físico de estas personas. Si no sabes el significado de alguno de los adjetivos, puedes buscarlo en el diccionario.

1. Ana   (alta / delgada / alegre / cortés)

....

....

2. Luis   (pelo negro / ojos azules / flojo / pesimista)

....

....

3. María y Paco   (15 años / impacientes / inmaduros)

....

....

4. Lic. López   (pelo castaño / ojos pequeños / agradable / sociable)

....

....

5. Mis papás   (abiertos / inteligentes / 71 y 67 años)

....

....

7. Coloca los siguientes adjetivos en la columna correspondiente dependiendo de si su connotación es positiva o negativa.

optimista, alegre, inmaduro/a, tímido/a, intranquilo/a, simpático/a, tonto/a, introvertido/a, feo/a, honesto/a, tranquilo/a, flojo/a, nervioso/a, maduro/a, inteligente, paciente, triste, trabajador/ora, pesimista, interesante, agradable, impaciente, aburrido/a, extrovertido/a, antipático/a, guapo/a, deshonesto/a, sociable

Connotación +	Connotación -

8. Utiliza la información de las cajas para describir a Juan y a Luisa. Escribe un pequeño párrafo para cada uno de ellos.

Tiene
el pelo largo/
corto/negro/rubio...
los ojos negros/azules...
barba
bigote
piocha
...

Es
guapo/a
feo/a
rubio/a
moreno/a
pelirrojo/a
calvo/a
alto/a
bajo/a
gordo/a
delgado/a
...

**Usa/
Trae**
lentes
gorra
sombrero
camisa
traje
...

**Parece
un/a
chico/a**
divertido/a
aburrido/a
abierto/a
cerrado/a
serio/a
simpático/a
tímido/a
interesante
inteligente
alegre
agradable
desagradable
sociable
...

LUISA

JUAN

6. DÍA A DÍA

1. Estos tres verbos tienen la misma irregularidad. ¿Puedes conjugar los verbos **volver** y **acostarse**? Recuerda que uno termina en **-er** y el otro en **-ar**.

	dormir	**volver**	**acostarse**
(yo)	duermo	....	....
(tú)	duermes	....	....
(él/ella/usted)	duerme	....	....
(nosotros/nosotras)	dormimos	....	....
(vosotros/vosotras)	dormís	....	....
(ellos/ellas/ustedes)	duermen	....	....

2. Escribe el Infinitivo de estos verbos.

tengo ....   empieza ....

quiero ....   prefieren ....

vuelve ....   vas ....

pido ....   salgo ....

pongo ....   hago ....

3. Completa el cuadro.

	levantarse	**despertarse**	**vestirse**
(yo)	me levanto	....	me visto
(tú)	te levantas	te despiertas	....
(él/ella/usted)	....	....	se viste
(nosotros/as)	....	nos despertamos	....
(vosotros/as)	os levantáis	....	os vestís
(ellos/as/ustedes)	....	se despiertan	....

4. Completa las siguientes frases de una forma lógica.

1. Después de levantarme, ...
....

2. Antes de vestirme, ...
....

3. Antes de comer, ...
....

4. Antes de acostarme, ...
....

5. ¿Qué acostumbran a hacer los miembros de la familia López? Forma frases con la información que se te da pensando que eres el esposo o la esposa.

1. yo / levantarse / siete de la mañana

....
....

2. mi esposo/a / casi siempre / levantarse / más tarde que yo

....
....

3. nosotros / bañarse / en la mañana

....
....

4. cuando hace calor / nosotros / preferir / bañarse / con agua fría

....
....

5. por costumbre / los niños / bañarse / en la noche

....
....

6. normalmente / yo / vestirse / antes de desayunar

....
....

7. mi esposo/a / vestirse / después de tomar un café

....
....

8. en la noche / los niños / acostarse / muy temprano

....
....

9. casi siempre / los niños / cenar / antes de acostarse

....
....

10. los fines de semana / yo / acostarse / más tarde

....
....

6. Completa estas oraciones con la forma correcta de los verbos de la derecha.

1. Cuando hace calor, (nosotros) .... ropa de algodón.

2. Taylor y Stacey .... muy temprano, a las seis de la mañana. Y tú, ¿a qué hora?

3. (Yo) .... cuando tengo sueño, no importa si es temprano. En cambio mi compañero .... muy tarde.

4. ¿(Tú) .... siesta? Yo siempre .... siesta durante el invierno.

5. Nosotros .... en los antros del Barrio Antiguo.

dormir
ponerse
levantarse
acostarse
divertirse

7. ¿Qué haces normalmente...

1. ... los sábados en la mañana?

....

2. ... los domingos a mediodía?

....

3. ... los viernes en la noche?

....

4. ... los lunes en la mañana?

....

5. ... los jueves en la noche?

....

6. ... los martes en la tarde?

....

7. ... los fines de semana?

....

8. Completa estas frases con **de**, **del**, **en** o **a**.

1. Tengo que ir al dentista ⬜ las siete.

2. Normalmente salgo con mis amigos ⬜ la noche.

3. Mi avión sale ⬜ las seis ⬜ la tarde.

4. ¿Vas a casa ⬜ mediodía?

5. ⬜ la mañana no trabajo.

6. Los fines de semana siempre vuelvo a casa ⬜ las seis ⬜ la mañana.

7. Yo, normalmente, como ⬜ las dos ⬜ mediodía.

8. Las clases empiezan ⬜ las diez.

9. Siempre ceno ⬜ las nueve.

10. Adolfo llega hoy ⬜ las ocho ⬜ la mañana.

9. Un amigo te dice estas frases. ¿Qué le respondes? Utiliza **Yo también / Yo no / Yo tampoco / Yo sí** o **A mí también / A mí no / A mí tampoco / A mí sí.**

1. Me gusta mucho dormir.

....

2. No voy nunca al teatro.

....

3. Me afeito/maquillo todos los días.

....

4. No me gusta el café.

....

5. Salgo de casa a las nueve de la mañana.

....

6. Normalmente regreso a casa a las siete.

....

7. Me gusta estudiar en la noche.

....

8. Nunca veo la televisión.

....

9. Me baño antes de acostarme.

....

10. Nunca me acuesto antes de las 12.

....

10. ¿Qué cosas crees que hacen normalmente los fines de semana estas mujeres? Escríbelo.

1 **Antonia**

Es muy trabajadora.

....
....
....

2 **María José**

Es muy presumida.

....
....
....

3 **Carmen**

Es muy parrandera.

....
....
....

4 **Montse**

Es muy sana.

....
....
....

11. ¿Puedes escribir cuál es tu horario normalmente?

7. ¡A COMER!

1. Haz una lista con todos los alimentos que conoces de cada uno de estos tipos.

Verdura	
Carne	
Pescado y marisco	
Fruta	
Bebidas	

2. Ya sabes que para hablar de los ingredientes de un platillo usamos el verbo **llevar**. Piensa ahora en cuatro platillos que conozcas y descríbelos.

1. Nombre: ....

Es ....

y lleva ....

2. Nombre: ....

Es ....

y lleva ....

3. Nombre: ....

Es ....

y lleva ....

4. Nombre: ....

Es ....

y lleva ....

3. Relaciona cada imagen con el texto correspondiente.

Mayonesa:
Es un aderezo muy usado en todo el mundo.

Sopa de tortilla:
Es un platillo típico de México. Lleva tortillas cortadas en tiras, caldo de pollo, tomates, cebolla, queso rallado y aguacate.

Camarones campechanos:
Es un platillo típico de la región de Campeche. Lleva cebolla, ajos y tomates fritos. Se hace una salsa con los tomates, la cebolla, el cilantro y el caldo de pescado. Al final se agregan los camarones a la salsa de tomate.

Capirotada:
Es un postre típico mexicano. Lleva bolillos, piloncillo, pasas, queso y canela.

4. Completa el diálogo con las siguientes palabras y expresiones.

otra agua | agua natural | con papas | La cuenta, por favor | de entrada | lleva | Una cerveza | ensalada de frutas | nos trae | de tomar | un poco de | alguna cosa | ¿Y de plato fuerte?

● Hola, buenos días.

○ Buenos días.

● ¿Qué van a pedir?

○ Sí, mire, yo, ... , quiero sopa de tortilla.

■ ¿Qué .... la ensalada griega?

● Tomate, queso, aceitunas negras y .... orégano.

■ Pues, para mí, ensalada griega.

● Sopa de tortilla y ensalada. Muy bien. ....

○ Para mí, bistec ....

■ Yo, camarones a la campechana.

● Y, ¿qué les traigo ....?

○ .... para mí.

■ Yo quiero .... fría.

● Muy bien.

(…)

○ Perdone, ¿ .... más tortillas, por favor?

● Sí, ahora mismo.

■ Y .... , por favor.

(…)

● ¿Desean .... de postre?

○ ¿Qué hay?

● Hoy tenemos ...., arroz con leche y flan.

○ Yo quiero un arroz con leche.

■ Yo, flan.

(…)

○ ....

● Ahora mismo.

5. ¿Cuál de las dos respuestas es posible para cada una de estas preguntas?

1. ¿Qué le sirvo?
   ☐ a) Muchas gracias.
   ☐ b) Un té con limón.

2. ¿Me trae más azúcar, por favor?
   ☐ a) Aquí tiene.
   ☐ b) Para beber, un agua.

3. ¿De qué es la sopa?
   ☐ a) De pollo.
   ☐ b) Aquí la tiene.

4. ¿Cuánto le debo?
   ☐ a) Son $150.00 pesos.
   ☐ b) La cuenta, por favor.

5. ¿Qué hay de plato fuerte?
   ☐ a) Flan o helado.
   ☐ b) Pescado al vapor o bistec con papas.

6. Aquí tienes una serie de preguntas. Marca si están en la forma **tú** o en la forma **usted**.

Tú	Usted	
☐	☐	¿Qué hora tiene?
☐	☐	¿Trabajas aquí?
☐	☐	¿Cuántos años tiene?
☐	☐	Señora Jiménez, ¿habla inglés?
☐	☐	¿Qué desea?
☐	☐	¿Cómo tomas el té: con leche o con limón?
☐	☐	¿Qué desayunas normalmente?
☐	☐	¿Quiere cenar ahora?

7. Completa las siguientes oraciones con el Presente de Indicativo de los verbos que están entre paréntesis.

1. .... (salir, yo) en cinco minutos para el restaurante.

2. ¿A qué hora .... (desayunar, tú) generalmente?

3. Este mesero .... (servir) a los clientes con mucha rapidez.

4. .... (proponer, yo) ir al restaurante "Cielito Lindo". El día de hoy están las bebidas al dos por uno.

5. Los meseros .... (poner) las mesas y también .... (atender) a los clientes.

6. ¿Qué ingredientes .... (llevar) los chilaquiles?

7. Muchos mexicanos .... (merendar) como a las cinco de la tarde.

8. ¿ .... (querer, tú) una cerveza fría?

9. Los miércoles mi madre siempre .... (hacer) chiles rellenos para la comida.

10. Voy al supermercado. ¿ .... (traer, yo) los ingredientes que necesitas para preparar el pollo en mole?

11. ¿ .... (tener, ustedes) carne asada para llevar?

12. ¿ .... (querer, tú) preparar la comida conmigo?

13. No .... (comprender, yo) qué dice el mesero.

14. ¿La carne .... (estar) cruda?

15. .... (tener, yo) que comprar las carnes frías para preparar la torta.

16. Me .... (encantar) la carne guisada en salsa de tomate.

17. ¿Qué .... (almorzar, tú) los fines de semana?

18. ¿ .... (poder, tú) freír la carne?

19. Perdone, ¿qué .... (tener, ustedes) de postre?

20. ¿El marlín .... (ser) carne o pescado?

8. Forma oraciones completas a partir de estas palabras. Ten en cuenta que tendrás que añadir artículos, preposiciones, etc. Conjuga los verbos en Presente de Indicativo.

1.
Yo / desayunar / taza de café / galleta integral

....

2.
Luisa / almorzar / huevos con jamón / fines de semana

....

3.
Yo / poner a calentar / café

....

4.
Luis / poner a calentar / café

....

5.
Mi madre / hacer / la comida / entre semana / yo / hacer / la comida / sábado

....

6.
Después de hacer ejercicio / yo / tomar / té helado

....

7.
Cuando / hacer frío / Pedro / beber / chocolate caliente

....

8.
¿Yo / traer / cerveza / para la fiesta?

....

9.
¿Ustedes / tener / torta de pierna?

....

10.
Ellos / comer / especialidad de la casa

....

9. John va a comer a un restaurante típico mexicano. Completa el diálogo conjugando los verbos en paréntesis Presente de Indicativo.

Mesero: ¡Buenas tardes!

John: Buenas tardes, ... (querer, yo) una mesa en la sección de no fumar.

Mesero: Sí, como no, adelante.

John: ¿Me .... (traer, usted) la carta, por favor?

Mesero: Aquí la tiene. Nuestra especialidad de entrada .... (ser) el caldo tlalpeño y como plato fuerte .... (tener, nosotros) chiles en nogada, carne asada y pollo al horno.

John: ¿El pollo .... (llevar) verduras y arroz?

Mesero: Así es.

John: ¿Me .... (dar, usted) el caldo y

el pollo al horno?

Mesero: ¿Qué le .... (servir, yo) de bebida?

John: Agua fresca de jamaica.

Mesero: ¿Le .... (poner, yo) azúcar o usted le .... (poner)?

John: Da igual.

(...)

John: Perdone, ¿me .... (servir, usted) más agua de jamaica? Y la cuenta por favor.

Mesero: ¿ .... (desear, usted) alguna cosa de postre?

John: No, la cuenta, por favor.

10. Transforma estas frases en oraciones impersonales con se.

1. Los mexicanos comen tortillas.

....

2. Los españoles cenan alrededor de las 10:00 p.m.

....

3. Los mexicanos beben mucho tequila.

....

4. Los cubanos comen moros y cristianos.

....

5. Los chilenos desayunan humitas dulces.

....

6. Los argentinos toman mucho mate.

....

11. Pon en orden los pasos para preparar una quesadilla.

Una quesadilla mexicana

☐ Se dobla la tortilla a la mitad.
☐ Se ralla el queso.
☐ Se saca una tortilla de maíz.
☐ Se saca la quesadilla del sartén.
☐ Se calienta la tortilla en un sartén.
☐ Se deja unos minutos para que se derrita el queso.
☐ Se sirve con salsa y se come.
☐ Se pone el queso sobre la tortilla.

8. UNA VIDA DE PELÍCULA

1. Completa los cuadros con los verbos que faltan.

	estudiar	comer
(yo)	estudié	....
(tú)	....	comiste
(él/ella/usted)	estudió	....
(nosotros/nosotras)	....	comimos
(vosotros/vosotras)	estudiasteis	....
(ellos/ellas/ustedes)	....	comieron

	vivir	tener
(yo)	....	....
(tú)	....	tuviste
(él/ella/usted)	vivió	....
(nosotros/nosotras)	....	tuvimos
(vosotros/vosotras)	vivisteis	....
(ellos/ellas/ustedes)	....	tuvieron

2. Vuelve a leer el texto sobre Pedro Almodóvar y responde a estas preguntas.

1. ¿Cuántos años tiene ahora Pedro Almodóvar?

   ....

2. ¿Qué hizo en 1959?

   ....

3. ¿Cuándo se fue a Madrid?

   ....

4. ¿Fue a la Universidad?

   ....

5. ¿Por qué dejó su trabajo en Telefónica?

   ....

6. Además de trabajar como administrativo, ¿qué otros trabajos hizo antes de ser director de cine?

   ....

7. ¿Con qué película se hizo famoso en Estados Unidos?

   ....

8. ¿Cuántas películas ha hecho Almodóvar hasta ahora?

   ....

3. Completa las frases con información personal sobre tu pasado.

1. Empecé a estudiar español...

2. Hace un año...

3. Viajé por primera vez al extranjero...

4. En 2002...

5. Nací en...

6. Ayer...

7.

   ...fue la última vez que fui a una fiesta.

8. La semana pasada...

9.   ...estuve enfermo/a.

10. El sábado pasado...

4. Completa las frases con **hace, desde, hasta, de... a...**

1. Viví en Milán .... 1997 .... 1999.

2. Estudio español .... septiembre de 2001.

3. Encontré trabajo .... dos meses.

4. Trabajé como recepcionista .... enero .... julio de 2001.

5. Estuve en Guanajuato .... la semana pasada.

6. Terminé la carrera .... cuatro meses.

7. Te esperé en el bar .... las siete.

8. Salgo con Miriam .... enero.

5. Completa el siguiente diálogo con el Pretérito de los verbos en paréntesis.

Luis: ¿Cómo te .... (ir) anoche en el cine?

¿Qué película .... (ver, tú)?

Juan: Bien, ... (divertirse, yo), después de

todo me la .... (pasar) bien.

Luis: ¿Quién .... (ir) contigo?

Juan: Anoche me .... (llamar) Anita Garza y

me .... (decir) que tenía unos boletos

para ver *La Ley de Herodes*, de Luis Estrada.

Luis: Dicen que es una buena película.

Juan: A mí no me gustan las películas que tratan temas

políticos, pero ella .... (insistir), no

.... (poder, yo) convencerla de ir a ver otra

película y, bueno, ... (tener, yo) que

acompañarla. ¿Conoces a Anita Garza?

Luis: Sí, la .... (conocer, yo) el verano pasado

en una fiesta de la Universidad. Dime, ¿ ....

(valer) la pena la película?

Juan: Sí, realmente .... (estar) excelente. El director,

Luis Estrada, ... (utilizar) un pequeño

pueblo para desarrollar su parodia acerca del com-

portamiento de los gobernantes latinoamericanos.

Luis: ¿Y qué .... (hacer, ustedes) después

del cine?

Juan: Nada, porque .... (salir, nosotros) muy tarde.

Luis: Oye, pues la próxima vez que vayan al cine me

invitan, ¿no?

Juan: Por supuesto, yo te hablo.

6. A casi cincuenta años de su muerte, Pedro Infante sigue presente en los hogares mexicanos gracias a la constante repetición de sus películas por televisión. Las siguientes oraciones dan una semblanza de su vida. Complétalas conjugando en Pretérito los verbos en paréntesis.

1. Pedro Infante .... (nacer) en Mazatlán, Sinaloa, el 18 de noviembre de 1917.

2. .... (trabajar) desde pequeño para ayudar con el gasto familiar.

3. A los dieciséis años .... (irse) a la Ciudad de México y ahí .... (empezar) su larga lucha para buscarse un lugar en el cine mexicano.

4. Gran parte de su éxito cinematográfico .... (deberse) a sus canciones.

5. En 1947 .... (filmar) *Nosotros los pobres*, película que .... (marcar) el inicio de su fama en el cine mexicano. En esta película .... (crearse) los dos personajes más queridos por el público mexicano: "Pepe el Toro" y "La chorreada". También .... (iniciarse) en el bolero ranchero con el clásico "Amorcito corazón".

6. Pedro Infante .... (ser) muy querido por el pueblo mexicano ya que representaba lo que todo mexicano debía ser: hijo respetuoso, amigo incondi-cional, amante romántico y hombre de palabra.

7. .... (morir) el 15 de abril de 1957. Su muerte .... (causar) histeria colectiva entre sus seguidores. El entierro .... (resultar) un acontecimiento. Todo el pueblo .... (ir) a despedirlo.

PEDRO INFANTE

(1917-1957)

7. Conjuga en Pretérito los verbos en paréntesis.

1. La Revolución mexicana .... (contribuir) enormemente al desarrollo del cine en México. Este movimiento armado .... (ser) el primer gran acontecimiento histórico totalmente documentado en cine. La producción cinematográfica que .... (hacerse) de la Primera Guerra Mundial ....(seguir) el estilo impuesto por los realizadores mexicanos de la revolución.

2. Los verdaderos años dorados del cine mexicano .... (ser) los coincidentes con la Segunda Guerra Mundial (1939-1945).

3. *Allá en el Rancho Grande* .... (ser) la primera cinta mexicana que .... (estrenarse) en los Estados Unidos con subtítulos en inglés. .... (ganar), además, un premio internacional, en el Festival de Venecia de 1938.

4. La época de oro del cine mexicano .... (crear) a muchos artistas famosos que .... (triunfar) más allá de nuestras fronteras. Estos actores y actrices .... (saber) representar la realidad mexicana de tal forma que .... (llegar) a ser parte de nuestra herencia cultural. Como ejemplo, podemos citar a María Félix, Mario Moreno "Cantinflas", Pedro Armendáriz, Jorge Negrete, Emilio "El Indio" Fernández, etc.

5. En 1992, el productor Alfonso Arau .... (poner) en la pantalla grande la novela homónima de Laura Esquivel, *Como agua para chocolate*. Arau .... (presentar) una historia de amor y buena comida en el México fronterizo de principios de siglo XX. Tita y Pedro .... (ver) obstaculizado su amor cuando Mamá Elena .... (decidir) que Tita, su hija menor, debía quedarse soltera para cuidar de ella en su vejez. En medio de los olores y sabores de la cocina tradicional mexicana, Tita .... (sufrir) largos años por un amor que perduró más allá del tiempo.

8. Haz un resumen de los hechos más importantes de tu vida. Puedes utilizar ... después, al/a la ... siguiente, a los/las..., durante, desde, hace, hasta, de... a...

9. Chavela Vargas es toda una leyenda de la canción mexicana. Lee su biografía y complétala conjugando los verbos en Pretérito.

CHAVELA VARGAS

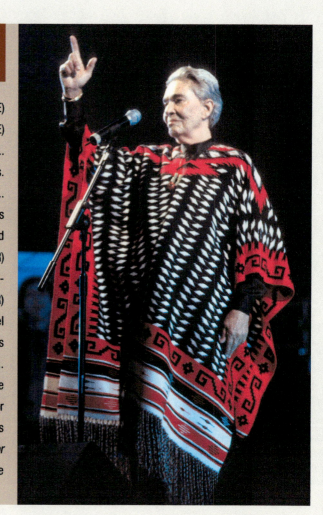

(NACER) .... en Costa Rica en 1919, pero de muy niña (IRSE) .... a vivir a México con su familia. Desde muy pronto (SENTIRSE) .... atraída por la cultura indígena mexicana. (APRENDER) .... sus ritos y ceremonias, su lenguaje y (EMPEZAR) .... a vestirse como ellos. La primera vez que (ACTUAR) .... en público, lo (HACER) .... vestida con un poncho indígena. (EMPEZAR) .... a cantar en los años 50 de la mano de otro mito de la ranchera, José Alfredo Jiménez, y su popularidad (ALCANZAR) .... la cumbre en los años 60 y 70. En esos años, (TENER) .... una gran amistad con personajes como el escritor Juan Rulfo, el compositor Agustín Lara o los pintores Frida Kahlo y Diego Rivera, que la (CONSIDERAR) .... su musa. Era la época de las giras por el Teatro Olimpia de París, el Carnegie Hall de Nueva York y el Palacio de Bellas Artes de México, las fiestas y las grandes cantidades de tequila. A mediados de los 80, la cantante (CAER) .... en el alcoholismo y (PERMANECER) .... alejada de los escenarios durante doce años. (REGRESAR) .... gracias al cine, de la mano del director español Pedro Almodóvar. (COLABORAR) .... en la bandas sonoras de las películas *Kika* y *Carne trémula*, e (HACER) .... una breve aparición en *La flor de mi secreto*. En 2002 (PUBLICARSE) .... su autobiografía, que se titula *Y si quieres saber de mi pasado*.

9. EL BARRIO IDEAL

1. Escoge la opción correcta en cada caso.

1. ● ¿Sabes si hay (1) .... supermercado por aquí cerca?
   ○ Sí, hay (2) .... en la esquina.

(1) a. Ø	(2) a. uno
b. uno	b. ninguna
c. un	c. algún

2. ● Perdona, ¿hay (3) .... farmacia por aquí?
   ○ Pues no, no hay (4) ....

(3) a. la	(4) a. una
b. alguno	b. ninguna
c. alguna	c. alguna

3. ● ¡No hay (5) .... cajero automático por aquí!
   ○ Claro que hay. Mira, en esa esquina hay (6) ....

(5) a. algún	(6) a. uno
b. ningún	b. un
c. un	c. algún

4. ● Perdona, ¿sabes si hay (7) .... panadería por aquí cerca?
   ○ Uy, hay (8) ....

(7) a. la	(8) a. muchas
b. ninguna	b. ninguna
c. alguna	c. uno

5. ● ¿En este barrio no hay (9) .... zapatería?
   ○ Sí, sí. Hay (10) .... en la plaza, al lado del supermercado.

(9) a. alguna	(10) a. uno
b. ninguna	b. una
c. un	c. alguna

6. ● ¿Hay (11) .... teléfono público por aquí cerca?
   ○ Pues me parece que no hay (12) ....

(11) a. Ø	(12) a. alguno
b. ninguno	b. ninguno
c. un	c. ningún

2. Selecciona la palabra que mejor complete el sentido de los siguientes diálogos.

1
● Disculpe, señor ¿sabe si hay .... (uno / ninguna / un) cajero automático por aquí?
○ Sí, hay .... (ningún / uno / varias) muy cerca. Necesita caminar .... (ninguna / algunas / una) cuadras en esta dirección.
● ¿Hay .... (algún / ningún / varios) anuncio?
○ Sí, el anuncio es .... (mucho / muy / poco) grande, lo verá a la distancia.

2
● ¿Sabes si hay .... (alguna / varias / ninguna) iglesia en el Barrio Antiguo de Monterrey?
○ ¡Claro! La catedral está en la Macroplaza, ... (bastante / mucho / un) cerca de lo que es el Barrio Antiguo.

3
● ¿Hay .... (alguna / algún / ningún) restaurante en el Barrio Antiguo con comida típica de Nuevo León?
○ Sí, por supuesto, está "El Rey del Cabrito"; .... (muchos / muy / bastante) turistas van a ese restaurante a probar el cabrito.

3. Fíjate en el dibujo y lee las frases. Marca en cada caso si son verdaderas o falsas y corrige las que sean falsas.

	V	F
1. El cine está a la izquierda de la escuela.	☐	☐
2. El gimnasio está al lado del banco.	☐	☐
3. El museo está lejos del restaurante.	☐	☐
4. El cine está en la esquina.	☐	☐
5. El metro está a la derecha del banco.	☐	☐
6. El hospital está al lado del gimnasio.	☐	☐
7. El bar está a la derecha de la biblioteca.	☐	☐
8. El restaurante está al lado del bar.	☐	☐
9. El hospital está a la izquierda de la biblioteca.	☐	☐
10. El mercado está lejos del museo.	☐	☐

4. Ordena las distancias.

┌─┐ ┌─┐ ┌─┐ ┌─┐ ┌─┐ ┌─┐ ┌─┐
│1│ │2│ │3│ │4│ │5│ │6│ │7│
└─┘ └─┘ └─┘ └─┘ └─┘ └─┘ └─┘

(bastante) lejos	☐	muy lejos	☐
muy cerca	☐	un poco lejos	☐
aquí al lado	☐	(bastante) cerca	☐
aquí mismo	☐		

5. Escribe una pregunta posible para estas respuestas.

1. ● ....
   ○ Cerca no. Hay uno, pero está un poco lejos.

2. ● ....
   ○ Sí, pero al final, en la esquina.

3. ● ....
   ○ No, no mucho. A unos diez minutos a pie.

4. ● ....
   ○ Sí. Sigue todo derecho por esta calle. Está al final.

5. ● ....
   ○ Al lado del mercado.

6. ● ....
   ○ No, no hay ninguna.

7. ● ....
   ○ Un poco, a unos quince minutos en coche.

8. ● ....
   ○ Sí, hay una al final de esta calle.

6. ¿Qué puedes hacer en estos lugares? Relaciona las dos columnas.

una oficina de Correos	comprar cigarros
un estacionamiento	hacer la compra
un teléfono público	ir a misa
un gimnasio	hacer ejercicio
un supermercado	estacionar el coche
un cajero	enviar un paquete
una biblioteca	sacar dinero
una iglesia	llamar a alguien
un parque	buscar una información
una tienda de abarrotes	pasear

7. Completa los cuadros.

	cantar	conocer	sufrir
(yo)	cantaba	....	....
(tú)	....	conocías	....
(él/ella/usted)	cantaba	....	sufría
(nosotros/nosotras)	....	....	....
(vosotros/vosotras)	....	conocíais	sufríais
(ellos/ellas/ustedes)	cantaban	conocían	sufrían

	ser	ir	ver
(yo)	....	iba	....
(tú)	....	....	veías
(él/ella/usted)	....	....	....
(nosotros/nosotras)	éramos	....	....
(vosotros/vosotras)	erais	ibais	veíais
(ellos/ellas/ustedes)	....	iban	veían

8. Piensa en tu ciudad preferida y escribe un pequeño texto describiéndola.

9. Imagina que estás con tu abuelo y él te platica de la colonia donde vivió cuando era joven. Forma oraciones completas con estos elementos. Conjuga los verbos en Imperfecto de Indicativo.

(En) mi colonia

(estar) cerca del centro de la ciudad.

(tener) muchas plazas y zonas verdes.

(necesitar) poca vigilancia porque era muy segura.

(llamarse) "Ojo de Agua", por todas las fuentes que había en las plazas.

(no haber) grandes centros comerciales, cajeros automáticos ni teléfonos públicos en las esquinas.

(no necesitar) semáforos porque había poco tráfico.

(ser) muy tranquila.

10. Acabas de regresar a tu país después de estar viviendo en México por un año. Ahora estás nuevamente en tu clase de español. El profesor les pide a todos los alumnos que escriban sobre su estancia en el extranjero. Completa el siguiente párrafo con el Imperfecto de Indicativo de los verbos en paréntesis.

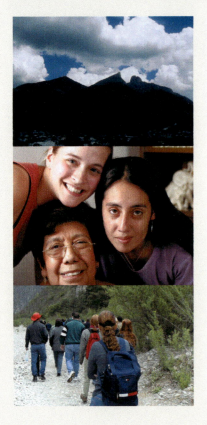

Estuve viviendo un año en México. Fue una experiencia formidable. Viví con una familia mexicana. .... (haber) cuatro personas: el papá, la mamá, Anita y Paco. Todos .... (ser) muy amables y simpáticos. .... (vivir, ellos) en una colonia maravillosa. .... (llamarse) "El Contry" y .... (estar) ubicada en el municipio de Guadalupe. Mi casa en México .... (estar) a unos cuantos minutos de la Universidad. Por la zona también .... (haber) centros comerciales, cines y bares. Pero lo más maravilloso es que .... (estar) en las faldas del famoso Cerro de la Silla. Este cerro, de 1,575 metros, fue nombrado así en 1577 por su semejanza con una silla ecuestre.

Me gusta bastante caminar y como el Cerro de la Silla .... (estar) tan cerca de mi casa y .... (tener) veredas perfectamente señaladas, ... (ir) casi todos los días a caminar. Mucha gente .... (hacer) lo mismo, sobre todo los fines de semana. Desde ahí se (contemplar) .... las mejores vistas de la ciudad.

¡Fue maravilloso respirar el aire puro y disfrutar de la naturaleza!

10. ¿TE ACUERDAS?

1. José les escribe un correo electrónico a sus amigas extranjeras, Melissa y Julie, para invitarlas al cine. Una de ellas le contesta. Completa ambos correos con el Presente de Indicativo de los verbos en paréntesis.

Enviar ahora **Enviar más tarde** **Firma** ▼ **Opciones** ▼

Tema: sábado en la tarde
De: jose@mexicano.com
Para: melissa@usa.com, julie@usa.com

¡Hola guapas! ¿Cómo .... (estar, ustedes)? ¿Qué tal su español? ¿Y sus clases? ¡Sorpresa! ....
(tener, ustedes) una invitación para el cine el sábado por la tarde. .... (haber) una película mexicana en el cine
Elizondo. El cine .... (estar) bastante cerca del campus. La película .... (ser) una típica mexicana,
.... (llamarse) *Como agua para chocolate*. .... (ser) una
historia de amor y buena comida mexicana. .... (estar) ubicada en el
México fronterizo de principios de siglo XX. .... (haber) dos personajes
principales: Tita y Pedro. .... (amarse, ellos) pero Mamá Elena
.... (decidir) que Tita, su hija menor... Bueno, ya no les ....
(platicar, yo) más la historia...
¿ .... (ir, nosotros)? Las .... (esperar, yo) afuera del cine
Elizondo a las 4:45 p.m. La película .... (empezar) a las 5:00 p.m.

Saludos.

José.

Enviar ahora **Enviar más tarde** **Firma** ▼ **Opciones** ▼

Tema: Re: sábado en la tarde
De: melissa@usa.com
Para: jose@mexicano.com

¡Hola José!
.... (ser, tú) un amor. Mil gracias por la invitación. Yo sí .... (ir). Aunque a Julie ....
(gustar) mucho las películas mexicanas, ahora no .... (poder, ella) ir porque .... (tener) fiebre.
Nos .... (ver, nosotros) el sábado.

Saludos.

Melissa

2. Annie compra regalos para su familia en una tienda. Completa el diálogo con el Presente de Indicativo de los verbos en paréntesis.

ANNIE: Buenos días señorita, quería comprar una cartera fina para mi papá.

DEPENDIENTE: Pues mire, aquí .... (tener, usted) dos. Esta .... (ser) de piel. .... (ser) una cartera muy clásica y de diseñador. La otra no.

ANNIE: Me .... (gustar) las dos. La clásica para papá y esta para mi hermano John. También .... (necesitar, yo) un cinturón para mi mamá.

DEPENDIENTE: Ahí a la derecha .... (haber) mucha variedad de cinturones. El día de hoy .... (estar) rebajados.

ANNIE: Señorita, ¿cuánto .... (costar) el cinto negro de piel?

DEPENDIENTE: .... (estar) en oferta. .... (tener) un 20% de descuento. .... (costar) $1,500.00 pesos

ANNIE: De acuerdo. Me .... (llevar, yo) las carteras y el cinturón. Perdone, ¿ .... (poder, yo) pagar con tarjeta de crédito.

DEPENDIENTE: Por supuesto. Acompáñeme, por favor.

3. Escribe ahora tu valoración sobre los siguientes aspectos del curso.

Me encantaron ....

....

....

Me gustaron mucho ....

....

....

Me gustaron bastante ....

....

....

No me gustaron mucho ....

....

....

No me gustaron nada ....

....

....

Aprendí ....

....

....

4. Escribe las diez respuestas a esta pregunta. Conjuga los verbos en Pretérito.

¿Qué hicieron ayer?

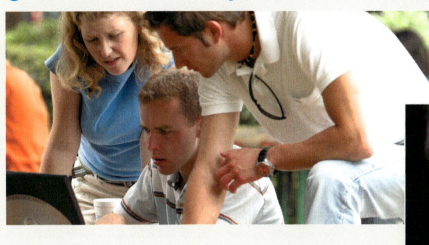

1. .... (estar, tú) viendo televisión toda la tarde.

2. .... (conocer, yo) a una chica muy guapa en la discoteca.

3. .... (hacer, ustedes) dos horas de ejercicio en el gimnasio.

4. .... (comer, yo) en un restaurante mexicano con mi novia.

5. .... (preparar, ustedes) varios antojitos mexicanos.

6. .... (mandar, nosotros) correos a nuestros amigos.

7. .... (estudiar, ella) para su examen.

8. .... (empezar, yo) a escribir un diario personal.

9. .... (levantarse, él) muy temprano.

10. .... (no poder, ella) hacer nada. No se encontraba bien.

11. .... (ir, nosotros) al cine.

12. .... (tocar, tú) la guitarra.

13. .... (visitar, él) el Museo Cultural Alfa.

14. .... (ir, yo) al teatro con mi hermano.

15. .... (navegar, nosotros) por Internet.

16. .... (tomar, yo) fotos de la ciudad.

5. Completa estos diálogos entre varios colegas que se encuentran en unos estudios de filmación. Conjuga los verbos dados a continuación en Imperfecto de Indicativo.

ser, hacer, estar

Luis: ¡Hola Pablo! ¿Cómo estás? ¿Qué tal la filmación del día de ayer?

Pablo: Estuvo excelente. Empezamos a las seis de la mañana. .... un frío terrible, todo el campo

.... cubierto de neblina. Los actores .... un poco nerviosos porque

.... la primera vez que el Sr. Arau los dirigía. Al finalizar el día todos ....

muy contentos porque se realizaron muy buenas tomas.

suspender, haber, hacer, ser, estar

Luis: Y a ti Juan, ¿cómo te fue?

Juan: No muy bien. Filmamos en los estudios. .... aproximadamente las 2:00 p.m. de la tarde

cuando empezamos. .... mucho calor, no .... suficiente ventilación,

los actores .... sudando y constantemente se .... la filmación para

retocarles el maquillaje.

6. Completa el siguiente párrafo con el Imperfecto de Indicativo de los verbos dados en paréntesis.

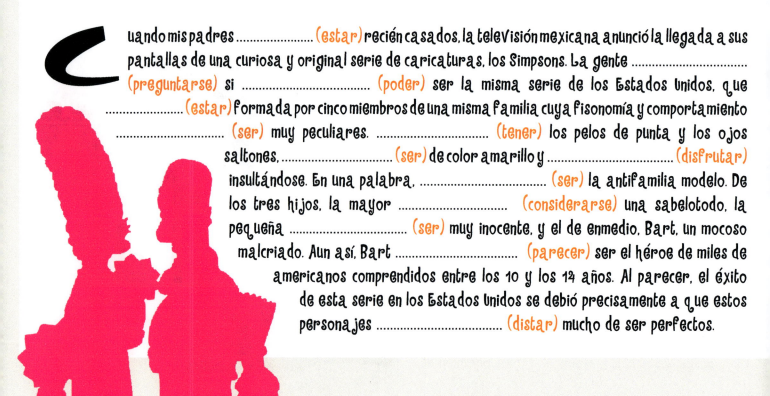

Cuando mis padres .... (estar) recién casados, la televisión mexicana anunció la llegada a sus pantallas de una curiosa y original serie de caricaturas, los Simpsons. La gente .... (preguntarse) si .... (poder) ser la misma serie de los Estados Unidos, que .... (estar) formada por cinco miembros de una misma familia cuya fisonomía y comportamiento .... (ser) muy peculiares. .... (tener) los pelos de punta y los ojos saltones, ... (ser) de color amarillo y .... (disfrutar) insultándose. En una palabra, ... (ser) la antifamilia modelo. De los tres hijos, la mayor .... (considerarse) una sabelotodo, la pequeña .... (ser) muy inocente, y el de enmedio, Bart, un mocoso malcriado. Aun así, Bart .... (parecer) ser el héroe de miles de americanos comprendidos entre los 10 y los 14 años. Al parecer, el éxito de esta serie en los Estados Unidos se debió precisamente a que estos personajes .... (distar) mucho de ser perfectos.

MÁS
GRAMÁTICA

ALFABETO

A	a	H	hache	Ñ	eñe	U	u
B	be	I	i	O	o	V	uve
C	ce	J	jota	P	pe	W	doble be
D	de	K	ca	Q	cu		/ doble u
E	e	L	ele	R	erre	X	equis
F	efe	M	eme	S	ese	Y	i griega
G	ge	N	ene	T	te	Z	ceta

➡ Recuerda

- Las letras tienen género femenino: **la a, la be...**
- A excepción de la **ll** y de la **rr**, no hay consonantes dobles.
- En algunos países de Latinoamérica, las letras **be** y **uve** se llaman **be larga** y **ve corta**.

LETRAS Y SONIDOS

► En general, a cada letra le corresponde un sonido y a cada sonido le corresponde una letra, pero hay algunos casos especiales.

La **C** corresponde a dos sonidos:

[k], delante de **a, o, u** y al final de una sílaba: **casa, copa, cuento, acto.**

[s], delante de **e** e **i**: **cero, cima.** *

La **CH** se pronuncia [tʃ], como *chat* en inglés.

La **G** corresponde a dos sonidos:

[x], delante de **e** e **i**: **genio, ginebra.**

[g], delante de **a, o** y **u**: **gato, gorro, gustar.** Delante de **e** e **i**, ese sonido se transcribe colocando después de la **g** una **u** muda: **guerra, guitarra.** Para que la **u** suene, se usa la diéresis: **vergüenza, lingüística.**

La **H** no se pronuncia nunca.

La **J** corresponde siempre al sonido [x]. Aparece siempre que este sonido va seguido de **a, o** y **u**: **jamón, joven, juego.** Y, a veces, cuando va seguido de **e** e **i**: **jefe, jinete.**

La **K** corresponde al sonido [k]. Se usa muy poco, generalmente solo en palabras procedentes de otras lenguas: **kilo, Irak.**

La **LL** tiene diferentes pronunciaciones según las regiones, pero casi todos los hablantes de español la producen de manera semejante a la **y** de *you* en inglés.

QU corresponde al sonido [k]. Solo se usa cuando este sonido va seguido de **e** o **i**: **queso, química.**

R/RR corresponde a un sonido fuerte cuando va al comienzo de la palabra (**rueda**), cuando se escribe doble (**arroz**), al final de una sílaba (**corto**) o después de **l** o **n** (**alrededor**).

La **V** se pronuncia igual que la **b**.

La **W** se usa solo en palabras procedentes de otras lenguas. Se pronuncia **gu** o **u** (**web**) y, a veces, como **b**: **wáter.**

La **Z** corresponde al sonido [s]. Aparece siempre que este sonido va seguido de **a**, de **o**, de **u**, o al final de una sílaba (**zapato, zona, zurdo, paz**) y únicamente en estos casos. **

* En España, excepto en el sur y en Canarias, en estos casos la **c** se pronuncia [θ].

** En España, excepto en el sur y en Canarias, en estos casos la **z** se pronuncia [θ].

ACENTUACIÓN

► En español, todas las palabras tienen una sílaba fuerte.

Cuando la sílaba fuerte es la última, se llaman palabras agudas: **canción, vivir, mamá.**

Cuando la sílaba fuerte es la penúltima, se llaman palabras graves o llanas. Son la mayoría: **casa, árbol, lunes.**

Cuando la sílaba fuerte es la antepenúltima, se llaman palabras esdrújulas: **matemáticas, práctico.**

Cuando la sílaba fuerte es la cuarta empezando por detrás, se llaman palabras sobreesdrújulas: **diciéndomelo**.

 No todas las palabras llevan acento gráfico. Las reglas generales para la acentuación son las siguientes.

Las palabras agudas llevan tilde cuando terminan en **n**, **s** o vocal: **canción, jamás, papá**.

Las palabras graves llevan tilde cuando no terminan en **n**, **s** o vocal: **trébol, mártir, álbum**.

Las palabras esdrújulas llevan siempre tilde: **sólido, matemáticas, pálido**.

⮕ Recuerda
En español los signos de exclamación y de interrogación se colocan al comienzo y al final de la frase.

NUMERALES

0 **cero**	16 **dieciséis**	32 **treinta y dos**
1 **un(o)**	17 **diecisiete**	33 **treinta y tres**
2 **dos**	18 **dieciocho**	34 **treinta y cuatro**
3 **tres**	19 **diecinueve**	35 **treinta y cinco**
4 **cuatro**	20 **veinte**	36 **treinta y seis**
5 **cinco**	21 **veintiuno**	37 **treinta y siete**
6 **seis**	22 **veintidós**	38 **treinta y ocho**
7 **siete**	23 **veintitrés**	39 **treinta y nueve**
8 **ocho**	24 **veinticuatro**	40 **cuarenta**
9 **nueve**	25 **veinticinco**	50 **cincuenta**
10 **diez**	26 **veintiséis**	60 **sesenta**
11 **once**	27 **veintisiete**	70 **setenta**
12 **doce**	28 **veintiocho**	80 **ochenta**
13 **trece**	29 **veintinueve**	90 **noventa**
14 **catorce**	30 **treinta**	99 **noventa y nueve**
15 **quince**	31 **treinta y uno**	100 **cien**

► El número 1 tiene tres formas: **un/una** cuando va antes de un sustantivo masculino o femenino (**Tiene un hermano / Tengo una hermana**) y **uno** cuando va solo y se refiere a un sustantivo masculino (**No te puedo prestar mi lápiz, solo tengo uno**).

► Hasta el 30, los números se escriben con una sola palabra: **dieciséis, veintidós, treinta y uno**...

► La partícula **y** se usa solo entre decenas y unidades: **noventa y ocho** (98), **trescientos cuatro** (304), **trescientos cuarenta y seis mil** (346 000).

101	**ciento** uno/una	1000	mil
102	**ciento** dos	2000	dos mil
...		...	
200	doscientos/as	10 000	diez mil
300	trescientos/as	...	
400	cuatrocientos/as	100 000	cien mil
500	**quinientos**/as	200 000	doscientos/as mil
600	seiscientos/as	...	
700	**sete**cientos/as	1 000 000	un millón
800	ochocientos/as	2 000 000	dos millones
900	**nove**cientos/as	1 000 000 000	mil millones

► Las centenas concuerdan en género con el sustantivo al que se refieren: **Cuesta doscientos pesos** / **Cuesta doscientas libras**.

► **Cien** solo se usa para una centena completa (100). Si lleva detrás decenas o unidades, se convierte en **ciento**: **ciento cinco** (105), **ciento ochenta** (180), pero **cien mil** (100 000).

► 1000 se dice **mil** (pero **dos mil, tres mil**).

► Con los millones se usa **de**: **cuarenta millones de habitantes** (40 000 000), pero no se coloca esta preposición si hay alguna cantidad después del millón: **cuarenta millones diez habitantes** (4 000 010).

¡Atención!
En español **un billón** es un millón de millones: 1 000 000 000 000

GRUPO NOMINAL

► El grupo nominal se compone del nombre o sustantivo y de sus determinantes y calificativos: adjetivos, frases subordinadas adjetivas y grupos nominales. Las partes del grupo nominal concuerdan en género y en número con el sustantivo.

GÉNERO Y NÚMERO

GÉNERO

► En español solo hay dos géneros: masculino y femenino. En general, son masculinos los sustantivos que terminan en **-o, -aje, -ón** y **-r** , y son femeninos los terminados en **-a, -ción, -sión, -dad, -tad** y **-ez**. Sin embargo, hay muchas excepciones: **el mapa, la mano**... Los sustantivos que terminan en **-e** o en otras consonantes pueden ser masculinos o femeninos: **la nube, el hombre, el** o **la cantante, el árbol, la miel**, etc.

► Los sustantivos de origen griego terminados en **-ema** y **-oma** son masculinos: **el problema, el cromosoma**. Las palabras de género femenino que comienzan por **a** o **ha** tónica, llevan el artículo **el** en singular, pero el adjetivo va en femenino: **el agua clara, el hada buena**. En plural, funcionan normalmente: **las aguas claras, las hadas buenas.**

► El femenino de los adjetivos se forma, en general, cambiando la **-o** final por una **–a** o agregando una **-a** a la consonante **r**: **bueno, buena; trabajador, trabajadora**, etc. Los adjetivos que terminan en **-e, -ista** u otras consonantes tienen la misma forma en masculino y en femenino: **inteligente, egoísta, capaz, principal**.

NÚMERO

► El plural de sustantivos y de adjetivos se forma agregando **-s** a los terminados en vocal (**perro ➡ perros**) y **-es** a los terminados en consonante (**camión ➡ camiones**). Si la palabra termina en **-z**, el plural se escribe con **c**: **pez ➡ peces**.

► Los sustantivos y los adjetivos que, en singular, terminan en **-s** hacen el plural dependiendo de la acentuación. Si se acentúan en la última sílaba, agregan **-es**: **el autobús ➡ los autobuses**. Si no se acentúan en la última sílaba, no cambian en plural: **la crisis ➡ las crisis**.

► Los sustantivos y los adjetivos terminados en **í** o **ú** acentuadas forman el plural con **-s** o con **-es**: **israelí ➡ israelís/israelíes, hindú ➡ hindús/hindúes**.

ARTÍCULO

► Existen dos tipos de artículos en español: los determinados y los indeterminados.

ARTÍCULO INDETERMINADO

► Los artículos indeterminados (**un, una, unos, unas**) se usan para mencionar algo por primera vez, cuando no sabemos si existe o para referirnos a un ejemplar de una categoría.

- *Luis es **un** amigo de mi hermano.*
- *¿Tienes **una** goma de borrar?*
- *Trabajan en **una** fábrica de zapatos.*

► No usamos los artículos indeterminados para informar sobre la profesión de alguien.

- *¿A qué te dedicas?*
- *Soy estudiante. / Soy **un** estudiante.*

► Pero sí los usamos cuando identificamos a alguien por su profesión o cuando lo valoramos.

- *¿Quién es Carlos Fuentes?*
- *Es **un** escritor mexicano.*

- *Mi hermano es **un** médico muy bueno.*

► Los artículos indeterminados no se combinan con **otro, otra, otros, otras, medio, cien(to)** o **mil**.

- *Quiero otra taza de café. / **una** otra taza*
- *Quiero medio kilo de tomate. / **un** medio kilo*
- *Pagué cien pesos por la blusa pero vale mil. / **un** cien*

ARTÍCULO DETERMINADO

► Los artículos determinados (**el, la, los, las**) se utilizan cuando hablamos de algo que sabemos que existe, que es único o que ya se mencionó.

- ***Los** empleados de esta oficina trabajan muy poco.*
- ***El** padre de Miguel es juez.*
- *Trabajan en **la** fábrica de conservas del pueblo.*

► En general, no se usan con nombres de personas, de continentes, de países y de ciudades, excepto cuando el artículo es parte del nombre: **La Habana, El Cairo, La Haya, El Salvador**. Con algunos países, el uso es opcional: **(la) India, (el) Brasil, (el) Perú**, etc.

➤ También los usamos cuando nos referimos a un aspecto o a una parte de un país o región: **la España verde, la Inglaterra victoriana, el México revolucionario**.

➤ Con las formas de tratamiento y con los títulos, usamos los artículos en todos los casos excepto para dirigirnos a nuestro interlocutor.

- ***La** señora González vive cerca de aquí, ¿no?*
- *Le di el sobre **al** licenciado Mendoza.*
- *Señora González, ¿en dónde vive?*

Recuerda

Cuando hablamos de una categoría o de sustantivos no contables, no usamos el artículo.

- *¿Tienes computadora?*
- *Necesito leche para el postre.*

➤ La presencia del artículo determinado indica que ya se había hablado antes de algo.

- *Compré leche y huevos.* (= informo qué compré)
- *Compré **la** leche y **los** huevos.* (= ya dijimos antes que era necesario comprar esas cosas)

DEMOSTRATIVOS

➤ Sirven para referirse a algo indicando su cercanía o lejanía respecto a la persona que habla.

cerca de quien habla	cerca de quien escucha	lejos de ambos
este	ese	aquel
esta	esa	aquella
estos	esos	aquellos
estas	esas	aquellas

- ***Este** edificio es del siglo XVI.*
- ○ *¿Y **ese**?*
- ***Ese** también es del siglo XVI.*

➤ Además de las formas de masculino y de femenino, existen formas neutras (**esto, eso, aquello**) que sirven para referirse a algo desconocido o abstracto, algo que no queremos o que no podemos identificar con un sustantivo.

- *¿Qué es **eso** que tienes en la mano?*
- ○ *¿**Esto**? Un regalo para mi madre.*

- ***Aquello** sigue sin resolverse.*

➤ Los demostrativos están en relación con los adverbios de lugar **aquí, ahí** y **allí**.

AQUÍ	AHÍ	ALLÍ
este chico	**ese** chico	**aquel** chico
esta chica	**esa** chica	**aquella** chica
estos amigos	**esos** amigos	**aquellos** amigos
estas amigas	**esas** amigas	**aquellas** amigas
esto	**eso**	**aquello**

POSESIVOS

➤ Los posesivos que van antes del sustantivo se utilizan para identificar algo o a alguien refiriéndose a su poseedor. Varían según quién es el poseedor (**yo ▬ mi casa, tú ▬ tu casa**...) y concuerdan en género y en número con la lo poseído (**nuestra casa, sus libros**, etc.).

(yo)	**mi** libro/casa	**mis** libros/casas
(tú)	**tu** libro/casa	**tus** libros/casas
(él/ella/usted)	**su** libro/casa	**sus** libros/casas
(nosotros/as)	**nuestro** libro	**nuestros** libros
	nuestra casa	**nuestras** casas
(vosotros/as)	**vuestro** libro	**vuestros** libros
	vuestra casa	**vuestras** casas
(ellos/as, ustedes)	**su** libro/casa	**su** libro/casa

➤ Cuando el poseedor es la tercera persona, solo usamos los posesivos cuando no hay posibilidades de confusión.

- *Esos son Guillermo y **su** novia, Julia.*
- *Señor Castro, ¿es este **su** paraguas?*

➤ Si no queda claro el poseedor, utilizamos **de** + nombre:

- *Esta es la casa **de** Manuel y, esa, la **de** Jorge.*

➤ Existe otra serie de posesivos.

mío	**mía**	**míos**	**mías**
tuyo	**tuya**	**tuyos**	**tuyas**
suyo	**suya**	**suyos**	**suyas**
nuestro	**nuestra**	**nuestros**	**nuestras**
vuestro	**vuestra**	**vuestros**	**vuestras**
suyo	**suya**	**suyos**	**suyas**

Estos posesivos se usan en tres contextos.

- Para dar y pedir información sobre a quién pertenece algo.

- *¿Es **tuyo** este coche?*
- ○ *Sí, es **mío**.*

- Después del sustantivo y acompañado del artículo indeterminado u otros determinantes.

- *He visto a **un** amigo **tuyo**.*
- *¿Sí? ¿A quién?*

- Con artículos determinados, sutituyendo a un sustantivo ya mencionado o conocido por el interlocutor.

- *¿Esta es tu maleta?*
- *No, **la mía** es verde.*

ADJETIVO CALIFICATIVO

▶ Los adjetivos concuerdan siempre en género y en número con el sustantivo. El adjetivo, en español, se coloca casi siempre detrás del sustantivo. Cuando se coloca antes, puede cambiar su significado.

Un hombre **pobre** = un hombre con poco dinero
Un **pobre** hombre = un hombre desgraciado

▶ Los adjetivos **bueno, malo, primero** y **tercero**, cuando van delante de un nombre masculino singular, pierden la **-o** final: **un buen día, un mal momento, mi primer libro**. El adjetivo **grande** se convierte en **gran** delante de un nombre singular (masculino o femenino): **un gran día, una gran semana**.

¡Atención!
Nunca se colocan antes del sustantivo los adjetivos que expresan origen, color y forma.

COMPARATIVO

▶ El comparativo se forma con la estructura: verbo + **más** + adjetivo/sustantivo + **que** + sustantivo.

- *María es **más** guapa **que** Rosario.*
- *México tiene **más** habitantes **que** Argentina.*

▶ Hay algunas formas especiales.

más bueno/a ➡ **mejor**
más malo/a ➡ **peor**

más grande ➡ **mayor**
más pequeño/a ➡ **menor**

SUPERLATIVO

▶ El superlativo relativo se forma con la estructura: **el/la/los/las** (+ sustantivo) + **más** + adj. (+ **de** sustantivo).

- *El Aconcagua es **la** montaña **más** alta **de** América.*
- *El lago Titicaca es **el más** alto **del** mundo.*

▶ El superlativo absoluto se forma con la terminación **-ísimo/a**. Cuando el adjetivo termina en vocal, esta desaparece: **malo ➡ malísimo**. Cuando el adjetivo acaba en consonante, se le agrega la terminación: **difícil ➡ dificilísimo**.

¡Atención!
Se producen algunos cambios ortográficos:
- cuando el adjetivo termina en **-co/-ca**:
  blanco ➡ blanquísimo
- cuando el adjetivo termina en **-z**:
  veloz ➡ velocísimo

CUANTIFICADORES

CUANTIFICADORES + SUSTANTIVOS NO CONTABLES

demasiado pan / **demasiada** sal
mucho pan / **mucha** sal
bastante pan/sal
un poco de pan/sal *
poco pan / **poca** sal *
nada de pan/sal

* Con **un poco de** subrayamos la existencia de algo valorándola positivamente; con **poco** subrayamos su escasez.

- *Tiene **mucho** dinero en el banco.*
- *Hay que tener **mucha** paciencia con él.*
- *No lleva **nada de** grasa, es sanísimo.*

CUANTIFICADORES + SUSTANTIVOS CONTABLES

demasiados coches / **demasiadas** horas
muchos coches / **muchas** horas
bastantes coches/horas
pocos coches / **pocas** horas
algún coche / **alguna** hora / **algunos** coches / **algunas** horas
ningún coche / **ninguna** hora

- *Marta siempre lleva **muchas** joyas.*
- *Necesitamos **algunos** libros nuevos.*
- *No tengo **ningún** disco de jazz.*

CUANTIFICADORES + ADJETIVO

demasiado joven/jóvenes
muy alto/alta/altos/altas
bastante tímido/tímida/tímidos/tímidas
un poco caro/cara/caros/caras
poco atractivo/atractiva/atractivos/atractivas
nada simpático/simpática/simpáticos/simpáticas

- *Esa casa es **demasiado** grande.*
- *Felipe es **muy** alto.*
- *Mi hermano es **bastante** tímido.*
- *Este suéter es **un poco** caro.*
- *Tu prima Carmen **no** es **nada** simpática.*

VERBO + CUANTIFICADORES

corre	**demasiado**
corre	**mucho**
corre	**bastante**
corre	**un poco**
corre	**poco**
no corre	**nada**

- *Comes **demasiado**.*
- *Agustín trabaja **mucho**.*
- *Mi hermana **no** hace **nada**.*

Recuerda

Un, algún y **ningún** se convierten en **uno**, **alguno** y **ninguno** cuando no van seguidos del sustantivo.

- *¿Tienes **algún** diccionario francés-español?*
- *No, no tengo **ninguno**, pero creo que Carlos tiene **uno**.*

► **Demasiado** se usa para expresar un exceso, por lo que tiene siempre un matiz negativo.

- *Es **demasiado** caro.*
- *No me gusta este chico: habla **demasiado** y sonríe **demasiado**.*

► Usamos **un poco** delante de adjetivos que expresan cualidades negativas. Con adjetivos que expresan cualidades positivas, podemos utilizar **poco**, con el sentido de "no suficiente".

- *Este diccionario es **un poco** caro, ¿no?*
- *Sí, además es muy **poco** práctico.*

PRONOMBRES PERSONALES

La forma de los pronombres personales cambia según el lugar que ocupan en la oración y su función.

EN FUNCIÓN DE SUJETO

1ª pers. singular	**yo**	• ***Yo** me llamo Ana, ¿y tú?*
2ª pers. singular	**tú** **usted**	• ***Tú** no eres de aquí, ¿verdad?*
3ª pers. singular	**él, ella**	• ***Él** es mexicano y **ella**, ecuatoriana.*
1ª pers. plural	**nosotros, nosotras**	• ***Nosotras** no vamos a ir a la fiesta; no nos invitaron.*
2ª pers. plural	**vosotros, vosotras ustedes**	• *¿**Ustedes** trabajan mañana?*
3ª pers. plural	**ellos, ellas**	• ***Ellos** son muy amables.*

► Los pronombres sujeto se utilizan cuando queremos resaltar la persona por oposición a otras o cuando su ausencia puede llevar a confusión, por ejemplo, en la tercera persona.

- ***Nosotros** estudiamos Biología, ¿y **ustedes**?*
- *○ **Yo** estudio Geología y **ellos** Física.*

- *Buenos días. Me llamo Rafael y **yo** soy el nuevo profesor.*

► **Usted** y **ustedes** son, respectivamente, las formas de tratamiento de respeto en singular y en plural. Se usan en relaciones jerárquicas, con desconocidos de una cierta edad o con personas mayores en general. Hay grandes variaciones de uso según el contexto social o geográfico. Se trata de formas de segunda persona, pero tanto el verbo como los pronombres van en tercera persona.

► Las formas femeninas del plural (**nosotras, vosotras, ellas**) solo se usan cuando todas las componentes son mujeres. Si hay al menos un hombre, se usan las formas masculinas.

► En Latinoamérica, no se usa nunca **vosotros**: la forma de segunda persona del plural es **ustedes**.

► En algunas zonas de Latinoamérica (Argentina, Uruguay y regiones de Paraguay, Colombia y Centroamérica), en lugar de **tú** se usa **vos**.

CON PREPOSICIÓN

1ª pers. singular	**mí** *	● *A **mí** me encanta el cine, ¿y a ti?*
2ª pers. singular	**ti** * **usted**	● *Mira, esto es para **ti**.*
3ª pers. singular	**él, ella**	● *¿Cómo está Arturo?* ○ *Bien, ayer estuve con **él**.*
1ª pers. plural	**nosotros, nosotras**	● *Ustedes nunca se acuerdan de **nosotras**...*
2ª pers. plural	**vosotros, vosotras ustedes**	● *No tenemos carro. ¿Podemos ir con **ustedes**?*
3ª pers. plural	**ellos, ellas**	● *¿No llegaron tus padres? ¡No podemos empezar sin **ellos**!*

* Con la preposición **con**, decimos **conmigo** y **contigo**.

► Detrás de **según**, **como**, **menos** y **excepto**, usamos la forma de los pronombres personales sujeto.

● ***Según** tú, ¿cuál es el mejor disco de los Beatles?*

REFLEXIVOS

1ª pers. singular	**me** llamo
2ª pers. singular	**te** llamas / **se** llama
3ª pers. singular	**se** llama
1ª pers. plural	**nos** llamamos
2ª pers. plural	**os** llamáis / **se** llaman
3ª pers. plural	**se** llaman

EN FUNCIÓN DE COMPLEMENTO DE OBJETO DIRECTO (COD)

1ª pers. singular	**me**	● *¿**Me** llevas al centro?*
2ª pers. singular	**te** **lo***, **la**	● ***Te** quiero.*
3ª pers. singular	**lo***, **la**	● *La carta, **la** escribí yo.*
1ª pers. plural	**nos**	● *Desde esa ventana, no **nos** pueden ver.*
2ª pers. plural	**os** **los, las**	● *¿Qué hacen aquí? A ustedes no **las** invité.*
3ª pers. plural	**los, las**	● *Tus libros, **los** tengo en casa.*

* Cuando el Complemento de Objeto Directo (COD) hace referencia a una persona singular de género másculino, se admite también el uso de la forma **le**: **A Luis lo/le veo todos los días.**

EN FUNCIÓN DE COMPLEMENTO DE OBJETO INDIRECTO (COI)

1ª pers. singular	**me**	● *Siempre **me** dices lo mismo.*
2ª pers. singular	**te** **le (se)**	● *¿**Te** puedo pedir un favor?*
3ª pers. singular	**le (se)**	● *¿Qué **le** compro a mi madre?*
1ª pers. plural	**nos**	● *Esta es la carta que **nos** escribió Arturo.*
2ª pers. plural	**os** **les (se)**	● *Muchachos, mañana **les** doy las calificaciones.*
3ª pers. plural	**les (se)**	● *A mis padres, **les** cuento todos mis problemas.*

- Los pronombres de COI solo se diferencian de los de COD en las formas de la tercera persona.

- Los pronombres de COI **le** y **les** se convierten en **se** cuando van acompañados de los pronombres de COD **lo, la, los, las**: ~~Le lo~~ doy. / **Se lo** doy.

POSICIÓN DEL PRONOMBRE

► El orden de los pronombres es: COI + COD + verbo. Los pronombres se colocan siempre delante del verbo conjugado (excepto en Imperativo).

● ***Me** lavo las manos.*
● ***Me** gusta leer.*

● ***Me** regalaron un libro.*
○ *¿Sí? ¿Y quién **te lo** regaló?*

► Con el Infinitivo y con el Gerundio, los pronombres se colocan después del verbo y forman una sola palabra.

● *Levantar**se** los lunes es duro.*

● *¿Dónde está Edith?*
○ *Duchándo**se**.*

► Con perífrasis y con estructuras como **poder/querer** + Infinitivo, los pronombres pueden ir delante del verbo conjugado o detrás del Infinitivo, pero nunca entre ambos.

- *Tengo que comprar**le** un regalo a mi novia.*
- ***Le** tengo que comprar un regalo a mi novia.*
- *Tengo que le comprar un regalo a mi novia.*

- *¿Puedo lavar**me** las manos?*
- *¿**Me** puedo lavar las manos?*
- *¿Puedo me lavar las manos?*

INTERROGATIVOS

► Los pronombres y los adverbios interrogativos reemplazan al elemento desconocido en preguntas de respuesta abierta.

QUÉ, CUÁL/CUÁLES

► En preguntas abiertas sin referencia a ningún sustantivo, usamos **qué** para preguntar por cosas.

- *¿**Qué** le regalaste a María?*
- *¿**Qué** hizo usted el lunes en la tarde?*

► Cuando preguntamos por una cosa o por una persona dentro de un conjunto, usamos **qué** o **cuál/cuáles** dependiendo de si aparece o no el sustantivo.

- *¿**Qué** zapatos te gustan más: los negros o los café?*
- ○ *Los negros.*

- *Me gustan esos zapatos.*
- ○ *¿**Cuáles**? ¿Los negros?*

OTROS INTERROGATIVOS

Para preguntar por...		
personas	**quién/es**	• *¿Con **quién** fuiste al cine?*
cantidad	**cuánto/a/ os/as**	• *¿**Cuántos** hermanos tienes?*
un lugar	**dónde**	• *¿**Dónde** está Michoacán?*
un momento en el tiempo	**cuándo**	• *¿**Cuándo** volvió Enrique?*
el modo	**cómo**	• *¿**Cómo** se prepara ese platillo?*
el motivo	**por qué**	• *¿**Por qué** estudias ruso?*
la finalidad	**para qué**	• *¿**Para qué** sirve ese aparato?*

Recuerda

- Todos los interrogativos llevan tilde.
- Cuando el verbo va acompañado de preposición, esta se coloca antes del interrogativo.

- *¿**De** dónde eres?*
- ○ ***De** Monterrey.*

- Las preguntas de respuesta cerrada (respuesta **sí** o **no**) son iguales que las frases enunciativas; simplemente cambia la entonación.

- *Jorge está casado.*
- *¿Jorge está casado?*

NEGACIÓN

► La partícula negativa se coloca siempre delante del verbo.

- ***No** soy español.*   • *Soy no español.*
- ***No** hablo bien español.*   • *Hablo **no** bien español.*

- *¿Eres español?*   • *¿Eres venezolano?*
- ○ ***No**, soy colombiano.*   ○ ***No**, **no** soy venezolano.*

► **Nada, nadie, ningun(o)/a/os/as** y **nunca** pueden ir delante o detrás del verbo. Si van detrás, hay que utilizar también **no** delante del verbo.

- ***Nada** ha cambiado.*   ***No** ha cambiado **nada**.*
- ***Nadie** me ha llamado.*   ***No** me ha llamado **nadie**.*

PREPOSICIONES

POSICIÓN Y MOVIMIENTO

a dirección, distancia	• *Vamos **a** Madrid.* • *Campeche está **a** 70 kilómetros de aquí.*
en ubicación, medio de transporte	• *Hermosillo está **en** Sonora.* • *Vamos **en** camión.*
de procedencia lejos/cerca/delante **de**	• *Venimos **de** la Universidad.* • *Saltillo está lejos **de** Veracruz.*
desde punto de partida	• *Vengo a pie **desde** el centro.*
hasta punto de llegada	• *Podemos ir **hasta** Oaxaca.*
por movimiento dentro o a través de un espacio	• *Me gusta pasear **por** la playa.* • *El ladrón entró **por** la ventana.*

TIEMPO

a + hora	• *Me levanto **a** las ocho.*
de + día/noche	• *Prefiero estudiar **de** noche.*
en + mes/estación/año	• *Mi cumpleaños es **en** abril.*
antes/después de	• *Hago ejercicio **antes de** cenar.*
de + inicio **a** + fin	• *Trabajamos **de** 9 **a** 6.*
desde las + hora **hasta las** + hora	• *Nos quedamos aquí **del** 2 **al*** 7.* • *Te esperé **desde las** 3 **hasta las** 5.*

* Recuerda que **a** + **el** = **al**; **de** + **el** = **del**.

OTROS USOS

A
modo: **a la plancha**, **al horno**
COD de persona: **Vimos a Pablo en el centro.**

DE
materia: **de lana**
partitivo, con sustantivos no contables: **un poco de pan**

POR/PARA
por + causa: **Viaja mucho por su trabajo.**
para + finalidad: **Necesito dinero para pagar el teléfono.**
para + destinatario: **Estos libros son para tu hermana.**

CON
compañía: **¿Fuiste al cine con Patricia?**
acompañamiento: **pollo con papas**
instrumento: **Corta el papel con unas tijeras.**

CONECTORES

Y, NI, TAMBIÉN, TAMPOCO

► Cuando mencionamos dos o más elementos del mismo tipo, se utiliza **y**. Para agregar más elementos en otra frase, usamos **también**.

- *En mi barrio hay un teatro **y** dos cines. **También** hay dos salas de baile.*

¡Atención!
Cuando la palabra que sigue a **y** comienza con **i**, **hi** o **y** (con sonido de **i**), en vez de **y** usamos **e**.

Ignacio **y** Javier   pero   Javier **e** Ignacio

► Dos elementos negativos se pueden unir con la partícula **ni**.

- ***Ni** Jorge **ni** Iván hablan francés.* (= Jorge no habla francés, Iván no habla francés.)

► Para agregar un nuevo elemento en frases negativas, usamos **tampoco**.

- *En mi barrio no hay cines; **tampoco** hay teatros.*

TAMBIÉN, TAMPOCO, SÍ, NO

► Para expresar coincidencia (de opinión o de informaciones), utilizamos **también** (en frases positivas) y **tampoco** (en frases negativas). Para expresar que no hay coincidencia, usamos **sí/no**.

- *Paola siempre hace la tarea.*
- *Yo **también**.*
- *Yo **no**.*

- *A mí no me gusta el pescado.*
- *A mí **tampoco**.*
- *A mí **sí**.*

O

► Se utiliza para presentar alternativas.

- *Podemos ir al cine **o** a cenar...*
- *¿Prefieres vino **o** cerveza?*

¡Atención!
Cuando la palabra que sigue a **o** comienza con **o** o **ho**, en vez de **o** usamos **u**.
el uno **o** el otro   pero   uno **u** otro

SINO, PERO

► **Sino** se utiliza para presentar un elemento que afirmamos en contraposición a otro que negamos. **Pero** se utiliza para presentar una información nueva que, de alguna manera, contradice lo anterior.

- *No soy española **sino** venezolana.* (= No soy española + soy venezolana)

- *No soy española **pero** hablo español.*
  (= No soy española + hablo español)

- *Marcela **se** lava.*
- *Marcela **se** lava las manos.*

PORQUE, POR QUÉ

Porque se usa para expresar la causa. Responde a la pregunta **¿por qué?**

- *¿**Por qué** estudias español?*
- ***Porque** trabajo en una empresa mexicana.*

VERBOS QUE FUNCIONAN COMO **GUSTAR**

➤ Existe un gran grupo de verbos (**gustar**, **encantar**, **apetecer**, **interesar**, etc.) que se conjugan casi siempre en tercera persona (del singular si van seguidos de un nombre en singular o de un Infinitivo; y del plural si van seguidos de un sustantivo en plural). Estos verbos van acompañados siempre de los pronombres de COI **me**, **te**, **le**, **nos**, **os**, **les** y expresan sentimientos y opiniones respecto a cosas, personas o actividades.

(A mí)	**me**		
(A ti)	**te**		el cine (NOMBRES EN SINGULAR)
(A él/ella/usted)	**le**	**gusta**	ir al cine (VERBOS)
(A nosotros/nosotras)	**nos**	**gustan**	las películas de guerra
(A vosotros/vosotras)	**os**		(NOMBRES EN PLURAL)
(A ellos/ellas/ustedes)	**les**		

VERBOS

CONJUGACIONES

➤ En español existen tres conjugaciones, que se distinguen por las terminaciones: **-ar** (primera conjugación), **-er** (segunda) e **-ir** (tercera). Las formas de los verbos de la segunda y de la tercera conjugación son muy similares. La mayoría de las irregularidades se dan en estos dos grupos.

➤ En el verbo se pueden distinguir tres elementos: la raíz (que resulta de quitar al Infinitivo la terminación **-ar**, **-er**, **-ir**), la vocal temática (**a, e, i**) y la terminación, que nos proporciona las informaciones referentes al modo, al tiempo, a la persona y al número.

➤ Las irregularidades afectan solo a la raíz del verbo. Solo se encuentran terminaciones irregulares en el Pretérito.

VERBOS REFLEXIVOS

➤ Son verbos que se conjugan con los pronombres reflexivos **me**, **te**, **se**, **nos**, **os**, **se**: **llamarse**, **levantarse**, **bañarse**...

- *(Yo) **me** llamo Abel. (llamar**se**)*

➤ Hay verbos que, como **dedicar** e **ir**, cambian de significado con el pronombre reflexivo.

- *¿**Me dedicas** tu libro?*
- *¿A qué **te dedicas**?*
- ***Vamos** al cine.*
- ***Nos vamos** de aquí.*
- ***Duermes** demasiado.*
- ***Me dormí** en clase.*

➤ Otros verbos pueden convertirse en reflexivos cuando la acción recae en el propio sujeto.

- *Marcela lava la ropa.*

➤ En estos verbos, el uso de **a** + pronombre tónico (**a mí, a ti, a él/ella/usted, a nosotros/as, a vosotros/as, a ellos/ellas/ustedes**) no es obligatorio.

- *Pablo es muy aventurero, **le** encanta viajar solo y **le** interesan mucho las culturas indígenas.*

- *¿Qué aficiones tienen?*
- ***A mí me** gusta mucho leer y hacer deporte.*
  ~~Yo me gusta mucho leer...~~
- *■ **A mí me** encanta el teatro. ¿Y a ti?*

PRESENTE DE INDICATIVO

	cantar	**leer**	**vivir**
(yo)	cant**o**	le**o**	viv**o**
(tú)	cant**as**	le**es**	viv**es**
(él/ella/usted)	cant**a**	le**e**	viv**e**
(nosotros/nosotras)	cant**amos**	le**emos**	viv**imos**
(vosotros/vosotras)	cant**áis**	le**éis**	viv**ís**
(ellos/ellas/ustedes)	cant**an**	le**en**	viv**en**

- La terminación de la primera persona del singular es igual en las tres conjugaciones.

- Las terminaciones de la tercera conjugación son iguales que las de la segunda excepto en la primera y en la segunda personas del plural.

► Usamos el Presente de Indicativo para:

- hacer afirmaciones atemporales: **Un día tiene 24 horas.**
- hablar de hechos que se producen con una cierta frecuencia o regularidad: **Voy mucho al gimnasio.**
- hablar del presente cronológico: **¡Estoy aquí!**
- pedir cosas y acciones en preguntas: **¿Me pasas la sal?**
- hablar de intenciones: **Mañana voy a París.**
- relatar en presente histórico: **En 1896 se celebran las primeras Olimpiadas de la era moderna.**
- formular hipótesis: **Si esta tarde tengo tiempo, te llamo.**
- dar instrucciones: **Bajas las escaleras, das vuelta a la derecha y ahí está la biblioteca.**

IRREGULARIDADES EN PRESENTE
Diptongación: e > ie, o > ue

► Muchos verbos de las tres conjugaciones tienen esta irregularidad en Presente. Este fenómeno no afecta ni a la primera ni a la segunda personas del plural.

	cerrar	poder
(yo)	cierro	puedo
(tú)	cierras	puedes
(él/ella/usted)	cierra	puede
(nosotros/nosotras)	cerramos	podemos
(vosotros/vosotras)	cerráis	podéis
(ellos/ellas/ustedes)	cierran	pueden

Cierre vocálico: e > i

► El cambio de **e** por **i** se produce en muchos verbos de la tercera conjugación en los que la última vocal de la raíz es **e**, como **pedir**.

	pedir
(yo)	pido
(tú)	pides
(él/ella/usted)	pide
(nosotros/nosotras)	pedimos
(vosotros/vosotras)	pedís
(ellos/ellas/ustedes)	piden

G en la primera persona del singular

► Existe un grupo de verbos que intercalan una **g** en la primera persona del singular.

salir ➡ salgo   poner ➡ pongo   valer ➡ valgo

► Esta irregularidad puede aparecer sola, como en **salir** o en **poner**, o en combinación con diptongo en las otras personas, como en **tener** o en **venir**.

	tener	venir
(yo)	tengo	vengo
(tú)	tienes	vienes
(él/ella/usted)	tiene	viene
(nosotros/nosotras)	tenemos	venimos
(vosotros/vosotras)	tenéis	venís
(ellos/ellas/ustedes)	tienen	vienen

ZC en la primera persona del singular

► Los verbos terminados en **-acer, -ecer, -ocer** y **-ucir** también son irregulares en la primera persona del singular.

conocer ➡ conozco   producir ➡ produzco

Cambios ortográficos

► Atención a las terminaciones en **-ger** y **-gir**. Debemos tener en cuenta las reglas ortográficas al conjugarlos.

escoger ➡ escojo   elegir ➡ elijo

PRETÉRITO

	cantar	comer	vivir
(yo)	canté	comí	viví
(tú)	cantaste	comiste	viviste
(él/ella/usted)	cantó	comió	vivió
(nosotros/nosotras)	cantamos	comimos	vivimos
(vosotros/vosotras)	cantasteis	comisteis	vivisteis
(ellos/ellas/ustedes)	cantaron	comieron	vivieron

► El Pretérito se usa para relatar acciones ocurridas en un pasado concreto, no relacionado con el presente, que se presentan como concluidas. Normalmente se acompaña de marcadores como:

- fechas (**en 1990, en 2003, el 8 de septiembre, en enero**...)
- **ayer, anoche, anteayer**
- **el lunes, el martes**...
- **el mes pasado, la semana pasada**, etc.

  • *El lunes hablé con mi profesor de español.*
  • *Anteayer comí chilaquiles.*

IRREGULARIDADES EN EL PRETÉRITO
Cierre vocálico: e > i, o > u

► El cambio de **e** por **i** se produce en muchos verbos de la tercera conjugación en los que la última vocal de la raíz es **e**, como **pedir**. La **e** se convierte en **i** en las terceras personas del singular y del plural. Sucede lo mismo con los verbos de la tercera conjugación en los que la última vocal de la raíz es **o**, como **dormir**. En estos casos, la **o** se convierte en **u** en las terceras personas del singular y del plural.

	pedir	dormir
(yo)	pedí	dormí
(tú)	pediste	dormiste
(él/ella/usted)	pidió	durmió
(nosotros/nosotras)	pedimos	dormimos
(vosotros/vosotras)	pedisteis	dormisteis
(ellos/ellas/ustedes)	pidieron	durmieron

Ruptura del triptongo

► Cuando la raíz de un verbo de la segunda o de la tercera conjugación termina en vocal, en las terceras personas la **i** se convierte en **y**.

caer ➡ ca**y**ó/ca**y**eron   huir ➡ hu**y**ó/hu**y**eron

Cambios ortográficos

► Atención a los verbos que terminan en **-car, -gar** y **-zar**. Hay que tener en cuenta las reglas ortográficas al conjugarlos.

acer**car** ➡ acer**qué**   lle**gar** ➡ lle**gué**   almor**zar** ➡ almor**cé**

Verbos con terminaciones irregulares

► Todos los siguientes verbos presentan irregularidades propias en la raíz y tienen unas terminaciones especiales independientemente de la conjugación a la que pertenecen.

andar	➡	**anduv-**	
conducir*	➡	**conduj-**	
decir*	➡	**dij-**	
traer*	➡	**traj-**	**-e**
estar	➡	**estuv-**	**-iste**
hacer	➡	**hic-/hiz-**	**-o**
poder	➡	**pud-**	**-imos**
poner	➡	**pus-**	**-isteis**
querer	➡	**quis-**	**-ieron**
saber	➡	**sup-**	
tener	➡	**tuv-**	
venir	➡	**vin-**	

* En la tercera persona del plural, la **i** desaparece (**condujeron, dijeron, trajeron**). Se conjugan así todos los verbos terminados en **-ucir**.

Verbos ir y ser

Los verbos **ir** y **ser** tienen la misma forma en Pretérito.

	ir/ser
(yo)	**fui**
(tú)	**fuiste**
(él/ella/usted)	**fue**
(nosotros/nosotras)	**fuimos**
(vosotros/vosotras)	**fuisteis**
(ellos/ellas/ustedes)	**fueron**

IMPERFECTO

El Imperfecto sirve para describir los hábitos, las circunstancias y las costumbres de un momento pasado. Es el equivalente del Presente en el pasado y presenta los hechos como no concluidos.

VERBOS REGULARES

	estar	tener	vivir
(yo)	est**aba**	ten**ía**	viv**ía**
(tú)	est**abas**	ten**ías**	viv**ías**
(él/ella/usted)	est**aba**	ten**ía**	viv**ía**
(nosotros/nosotras)	est**ábamos**	ten**íamos**	viv**íamos**
(vosotros/vosotras)	est**abais**	ten**íais**	viv**íais**
(ellos/ellas/ustedes)	est**aban**	ten**ían**	viv**ían**

VERBOS IRREGULARES

	ser	ir	ver
(yo)	era	iba	veía
(tú)	eras	ibas	veías
(él/ella/usted)	era	iba	veía
(nosotros/nosotras)	éramos	íbamos	veíamos
(vosotros/vosotras)	erais	ibais	veíais
(ellos/ellas/ustedes)	eran	iban	veían

- Tenochtitlán **tenía** un millón de habitantes.
- La ciudad **estaba** sobre un islote del lago de Texcoco.
- La gente **vivía** en casas de adobe.

PARTICIPIO

► El Participio pasado se forma agregando las terminaciones **-ado**, para los verbos de la primera conjugación, e **-ido** para los verbos de segunda y tercera conjugación.

cantar ➡ cant**ado**   beber ➡ beb**ido**   vivir ➡ viv**ido**

► Hay algunos participios irregulares.

abrir* ➡ **abierto**	decir ➡ **dicho**	escribir ➡ **escrito**
hacer ➡ **hecho**	morir ➡ **muerto**	poner ➡ **puesto**
ver ➡ **visto**	volver ➡ **vuelto**	romper ➡ **roto**

*La terminación **-bierto** se utiliza para formar el Participio de todos los verbos terminados en **-brir**.

► El Participio tiene dos funciones. Como verbo, acompaña al auxiliar **haber** en los tiempos verbales compuestos y es invariable. Como adjetivo, concuerda con el sustantivo en género y en número y se refiere a situaciones o estados derivados de la acción del verbo. Por eso, en esos casos, se utiliza muchas veces con el verbo **estar**.

Eva se **ha cansado**. ➡ Eva está **cansada**.
Han cerrado las puertas. ➡ Las puertas está **cerradas**.
Han roto la ventana. ➡ La ventana está **rota**.
Bea **ha abierto** los sobres. ➡ Los sobres están **abiertos**.

SE IMPERSONAL

► Se puede expresar la impersonalidad de varias maneras. Una de ellas es **se** + verbo en tercera persona.

- *La tortilla española **se hace** con papas, huevos y cebollas.*
- *Las papas **se fríen** en aceite muy caliente.*

SER/ESTAR/HAY

► Para ubicar algo en el espacio, usamos el verbo **estar**.

- *El hospital **está** frente a la estación.*
- *El libro **está** en la sala.*

► Pero si informamos acerca de la existencia, usamos **hay** (del verbo **haber**). Es una forma única para el presente, y solo existe en tercera persona. Se utiliza para hablar tanto de objetos en singular como en plural.

- ***Hay** un cine en la calle Reforma.*
- ***Hay** muchas escuelas en esta ciudad.*

¡Atención!

- En mi pueblo **hay**   un cine, dos bibliotecas… mucha gente, algunos bares… calles muy bonitas…

- El cine Astoria **está** en la plaza.
- Las bibliotecas **están** en el centro histórico.

► Para informar sobre la ubicación de un evento ya mencionado, usamos **ser**.

- *El concierto **es** en el Teatro Juárez.*
- *La reunión **es** en mi casa.*

► Con adjetivos, usamos **ser** para hablar de las características esenciales del sustantivo y **estar** para expresar una condición o un estado especial en un momento determinado.

- *David **es** estudiante.*
- *David **está** cansado.*
- *La casa **es** pequeña.*
- *La casa **está** sucia.*

► Cuando identificamos algo o a alguien o cuando hablamos de las características inherentes de algo, usamos **ser**.

- *Pablo **es** mi hermano.*
- *Pablo ~~está~~ mi hermano.*

- *El gazpacho **es** una sopa fría.*
- *El gazpacho ~~está~~ una sopa fría.*

► Con los adverbios **bien/mal**, usamos únicamente **estar**.

- *Este libro **está** muy bien, es muy interesante.*

ESPAÑA
Madrid

MÉXICO
México D. F.

CUBA
La Habana

PUERTO RICO
San Juan

Santo Domingo
REPÚBLICA DOMINICANA

GUATEMALA
Guatemala

HONDURAS
Tegucigalpa

San Salvador
EL SALVADOR

NICARAGUA
Managua

San José
COSTA RICA

Panamá
PANAMÁ

Caracas
VENEZUELA

Bogotá
COLOMBIA

Quito
ECUADOR

PERÚ
Lima

BOLIVIA
Sucre

PARAGUAY
Asunción

CHILE
Santiago

Buenos Aires
ARGENTINA

Montevideo
URUGUAY

Argentina

Población: 36 223 947 habitantes
Superficie: 3 761 274 km2 (incluida la Antártida y las islas del Atlántico Sur)
Moneda: peso
Capital: Buenos Aires
Principales ciudades: Córdoba, Rosario, Mendoza, La Plata, San Miguel de Tucumán, Mar del Plata
Clima: domina el clima templado, pero debido a las marcadas diferencias de latitud y altitud nos encontramos con clima tropical en el norte, templado en la Pampa, árido en los Andes y frío en la Patagonia y Tierra del Fuego
Principales productos: cítricos, cereales, vid, olivo, caña de azúcar, algodón, plátanos, ganado bovino
Lenguas: el español es la lengua oficial, aunque en diversas regiones perviven las lenguas de los nativos: en el Noreste se habla el guaraní; en el Chaco se habla el mataco; en las provincias de Salta, Jujuy y Santiago del Estero, el quechua; y en la Patagonia el mapudungun o lengua mapuche.
Lugares de interés: las Cataratas de Iguazú, consideradas de las más espectaculares del mundo; la provincia de Salta, con sus magníficos paisajes de montaña; la provincia de Mendoza, donde se producen los mejores vinos del país; Bariloche y San Martín de los Andes, que comparten una zona de grandes lagos y montañas de la Cordillera de los Andes; Ushuaia, la ciudad más austral del planeta.
Más información: www.indec.mecon.ar/

Bolivia

Población: 8 586 443 habitantes
Superficie: 1 098 581 km²
Moneda: boliviano
Capital: La Paz (capital administrativa), Sucre (capital histórica y jurídica)
Principales ciudades: Santa Cruz, Cochabamba, El Alto, Oruro
Clima: varía con la altitud, húmedo y tropical o frío y semiárido
Principales productos: petróleo, gas, minerales, soja y algodón
Lenguas: español, quechua y aimara (oficiales)
Lugares de interés: el lago Titicaca, el más alto del mundo; Copacabana, preciosa localidad situada a orillas del lago; el salar de Uyuni, considerada la mayor reserva mundial de litio; la iglesia y convento de San Francisco, el monumento más destacado de La Paz; el Museo del Oro, con sus increíbles piezas precoloniales de oro y plata.
Más información: www.ine.gov.bo/

Chile

Población: 15 665 216 habitantes
Superficie: 2 006 625 km² (incluido el territorio antártico)
Moneda: peso
Capital: Santiago
Principales ciudades: Viña del Mar, Valparaíso, Talcahuano, Temuco, Concepción
Clima: templado en general pero más húmedo y frío en el sur
Principales productos: minerales, cereales, vino, pesca
Lenguas: español (oficial), aimara, quechua, mapuche, kaweshar (alacalufe), pascuense (o rapa nui)
Lugares de interés: Viña del Mar, el principal puerto del país; Torres del Paine, maravilloso parque nacional situado entre el macizo de la cordillera de Los Andes y la estepa patagónica; la isla de Pascua, con sus impresionantes moais; Iquique, con sus hermosas playas; Punta Arenas, capital de la región de Magallanes y Antártica Chilena; Puerto Varas, con su característica arquitectura alemana; el cerro San Cristóbal de Santiago.
Más información: www.ine.cl/

Colombia

Población: 33 109 840 habitantes
Superficie: 1 141 748 km²
Moneda: peso
Capital: Santa Fe de Bogotá
Principales ciudades: Cali, Medellín, Cartagena, Barranquilla
Clima: tropical en la costa y en las llanuras del este, frío en las tierras altas
Principales productos: café, banano, ganadería, petróleo, gas, carbón, esmeraldas, flores
Lenguas: junto con el español conviven 13 familias lingüísticas amerindias con más de 80 lenguas. En la isla de San Andrés se habla el bende o creole y en San Basilio, el palenque.
Lugares de interés: la región del Guindío, de gran riqueza natural; el Lago de Sochagota, famoso por sus aguas termales; la Bahía Solano, la zona de mayor biodiversidad del mundo; la ciudad de Santa Marta, considerada la ciudad hispánica más antigua del país; Villa de Leiva, una joya colonial; la puerta del Reloj, el símbolo de Cartagena de Indias; el barrio de La Candelaria de Bogotá, con su preciosa arquitectura colonial; la Plaza Bolívar, el centro neurálgico de la capital; el Museo del oro, que alberga la colección más importante de piezas de oro precolombinas del mundo.
Más información: www.presidencia.gov.co

Costa Rica

Población: 3 925 000 habitantes
Superficie: 51 100 km²
Moneda: colón
Capital: San José
Principales ciudades: Limón, Puntarenas
Clima: tropical, pero varía según la altura
Principales productos: café, plátano, piña, cacao, caña de azúcar, industria informática
Lenguas: español (oficial), inglés, criollo
Lugares de interés: el parque nacional Chirripó, situado en el cerro más alto del país; Cartago, con sus muestras de arquitectura colonial; el parque nacional Corcovado; el volcán Arenal, el más activo del país.
Más información: www.casapres.go.cr/

Cuba

Población: 11 093 152 habitantes
Superficie: 110 922 km²
Moneda: peso
Capital: La Habana
Principales ciudades: Santiago de Cuba, Camagüey, Holguín, Guantánamo, Santa Clara
Clima: tropical
Principales productos: azúcar, café y tabaco
Lenguas: español
Lugares de interés: los centros históricos de La Habana, Trinidad, Santiago, Cienfuegos, Bayamo, Camagüey y Remedios, que albergan importantes valores patrimoniales y arquitectónicos; las ruinas de cafetales franceses; la Villa Blanca de Gibara; el sitio arqueológico Chorro de Maíta en Holguín.
Más información: www.cubagob.cu/

Ecuador

Población: 11 781 613 habitantes
Superficie: 270 667 km²
Moneda: dólar
Capital: Quito
Principales ciudades: Guayaquil, Cuenca
Clima: tropical en la costa, frío en el interior
Principales productos: petróleo, plátanos, café, cacao, aceite de palma, caña de azúcar
Lenguas: español (oficial), quechua
Lugares de interés: el archipiélago de Las Galápagos; Ingapirca, el yacimiento prehispánico mejor conservado del país; Otavalo, con su mercado de artesanía; Cuenca, la ciudad más bella del país.
Más información: www.inec.gov.ec/

España

Población: 42 717 064 habitantes
Superficie: 504 750 km²
Moneda: euro
Capital: Madrid
Principales ciudades: Barcelona, Bilbao, Sevilla
Clima: mediterráneo en el litoral y en el sur, húmedo en el norte y ligeramente continental en el centro
Principales productos: aceite, vino, frutas
Lenguas: español, catalán, vasco, gallego
Lugares de interés: la Alhambra, uno de los palacios árabes mejor conservados del mundo; el parque nacional de Doñana, la reserva ecológica más importante de Europa; la Sagrada Familia, excelente ejemplo de arquitectura modernista; el acueducto de Segovia; la catedral de Santiago de Compostela, punto final del Camino de Santiago; el Monasterio del Escorial.
Más información: www.la-moncloa.es

El Salvador

Población: 5 828 987 habitantes
Superficie: 21 041 km²
Moneda: colón, dólar
Capital: San Salvador
Principales ciudades: Santa Ana, San Miguel
Clima: templado en general, varía según la altitud
Principales productos: maíz, arroz, frijoles, café, tabaco, algodón, caña de azúcar, frutas tropicales
Lenguas: español (oficial), inglés, pipil, lenca
Lugares de interés: el parque arqueológico de San Andrés; la bahía de Jiquilisco; el núcleo indígena de Nahuizalco; el volcán de San Salvador; Cihuatan, uno de los sitios arqueológicos más importantes del país.
Más información: www.casapres.gob.sv/

Guatemala

Población: 11 237 196 habitantes
Superficie: 108 890 km²
Moneda: quetzal
Capital: Guatemala
Principales ciudades: Quetzaltenango, Escuintla, Puerto Barrios, Mazatenango
Clima: tropical, aunque variable según la altitud
Principales productos: maíz, café, caña, plátano,
Lenguas: español (oficial), lenguas indígenas
Lugares de interés: las impresionantes ruinas mayas de Tikal; el lago de Atitlán; el pueblo indígena de Chichicastenango; Antigua, con su ambiente colonial.
Más información: www.guatemala.gob.gt/

Honduras

Población: 6 669 789 habitantes
Superficie: 112 190 km²
Moneda: lempira
Capital: Tegucigalpa
Principales ciudades: La Ceiba, Progreso, Roatan Island, San Pedro Sula, Tegucigalpa, Trujillo
Clima: tropical, con temperaturas más templadas en las montañas
Principales productos: plátano, café, frijoles, algodón, maíz, arroz, sorgo y azúcar
Lenguas: español
Lugares de interés: el lago de Yojoa, rodeado de impresionantes montañas que alcanzan alturas de mas de 2 600 metros; la ciudad maya de Copán, declarada Patrimonio Mundial de la Humanidad; la exuberante Costa Misquita.
Más información:
http://www.gob.hn/

México

Población: 105 790 700 habitantes
Superficie: 1 972 550 km²
Moneda: peso
Capital: México D. F.
Principales ciudades: Guadalajara, Puebla, Monterrey, Acapulco, León
Clima: de tropical a desértico
Principales productos: tabaco, industria química, textil, automovilística y alimentaria, hierro, acero, petróleo, minería
Lenguas: español (oficial), más de cincuenta lenguas indígenas: con mayor número de hablantes se encuentra el náhuatl, hablado por más de un millón de personas, el maya, el zapoteco y el mixteco.
Lugares de interés: San Luis Potosí, con su elegante carácter colonial; Querétaro, y su impresionante centro histórico; Mérida, la "ciudad blanca"; Tulum, Cobá y Kohunlich, los sitios más espectaculares del mundo maya; la zona arqueológica de Palenque; Tlaxcala, con sus estrechas calles e impecables monumentos coloniales; San Cristóbal de las Casas, una de las ciudades coloniales más bellas del país; las Barrancas del Cobre, uno de los sistemas barranqueños más grandes del mundo; Guanajuato, preciosa ciudad virreinal; las espectaculares pirámides de Teotihuacan; Oaxaca y la zona arqueológica del Monte Albán, declarados Patrimonio Mundial de la Humanidad; Ciudad de México, con sus majestuosos palacios.
Más información:
http://www.sectur.gob.mx/

Nicaragua

Población: 5 128 517 habitantes
Superficie: 139 000 km²
Moneda: córdoba
Capital: Managua
Principales ciudades: Masaya, Granada, Jinotega, Matagalpa, Juigalpa, Boaco, Somoto, Ocotal
Clima: tropical. Hay dos estaciones, la lluviosa de mayo a octubre y la seca, de noviembre a abril.
Principales productos: minerales, café, plátanos, caña de azúcar, algodón, arroz, maíz, tapioca
Lenguas: español (oficial), lenguas indígenas
Lugares de interés: el parque nacional Volcán Masaya; Granada, la ciudad colonial más antigua del continente americano; el pueblo de San Juan del Norte.
Más información: http://www.intur.gob.ni/

Panamá

Población: 2 960 784 habitantes
Superficie: 78 200 km²
Moneda: balboa, dólar americano
Capital: Panamá
Principales ciudades: David, Colón, Penonomé
Clima: tropical. Hay dos estaciones, la lluviosa de mayo a enero y la seca, de enero a mayo.
Principales productos: cobre, madera de caoba, gambas, plátanos, arroz, maíz, café, caña de azúcar
Lenguas: español (oficial), inglés, lenguas indias, garifuna
Lugares de interés: los archipiélagos de San Blas y Bocas del Toro; los pueblos de Volcán, Cerro Punta y Guadalupe, situados en las tierras altas de Chiriquí.
Más información: http://www.pa/

Paraguay

Población: 5 504 146 habitantes
Superficie: 406 752 Km²
Moneda: guaraní
Capital: Asunción
Principales ciudades: Ciudad del Este, San Lorenzo
Clima: subtropical, con muchas lluvias en la parte oriental y semiárido en la parte más occidental
Principales productos: estaño, manganeso, caliza, algodón, caña de azúcar, maíz, trigo, tapioca
Lenguas: español y guaraní (oficiales)
Lugares de interés: El Chaco, la segunda masa forestal más extensa de América; Itaipú, el mayor complejo hidroeléctrico del mundo; el lago Ypacaraí.
Más información: http://www.presidencia.gov.py/

Perú

Población: 24 523 408 habitantes
Superficie: 1 285 216 km²
Moneda: nuevo sol
Capital: Lima
Principales ciudades: Arequipa, Trujillo, Chiclayo
Clima: tropical en el este, seco y desértico en el oeste
Principales productos: cobre, plata, oro, petróleo, estaño, carbón, fosfatos, café, algodón, caña de azúcar, arroz, maíz, patatas
Lenguas: español (oficial en todo el territorio); el quechua, el aimara y otras lenguas tienen carácter oficial en algunas zonas
Lugares de interés: las impresionantes construcciones incas del Machu Picchu y el Tambo Colorado; las líneas de Nazca, misteriosos dibujos sobre la tierra; el lago Titicaca; la ciudad antigua de Lima; Chan-Chan, antigua capital del Imperio Chimú y una de las ciudades de adobe más grandes del mundo.
Más información: http://www.peru.org.pe

Puerto Rico

Población: 3 522 037 habitantes
Superficie: 8959 km²
Moneda: dólar americano
Capital: San Juan
Principales ciudades: Caguas, Mayagüez, Carolina, Bayamon, Ponce
Clima: tropical
Principales productos: caña de azúcar, productos lácteos, farmacéuticos, electrónicos
Lenguas: español, inglés (oficiales)
Lugares de interés: el bosque tropical de "El Yunque"; el casco antiguo de San Juan; las cuevas de Camuy, situadas en pleno bosque tropical; Ponce, la ciudad colonial por excelencia; la isla de Gilligan.
Más información: www.gobierno.pr/

República Dominicana

Población: 8 088 881 habitantes
Superficie: 48 442 km²
Moneda: peso
Capital: Santo Domingo
Principales ciudades: Santiago de los Caballeros, La Romana, Puerto Plata
Clima: tropical con lluvias abundantes; en la costa es cálido y en la montaña más fresco
Principales productos: níquel, bauxita, oro, plata, caña de azúcar, café, algodón, cacao, tabaco, arroz, judías, patatas, maíz, plátanos, ganado, cerdos
Lenguas: español (oficial), inglés
Lugares de interés: el parque de los Tres Ojos, impresionante cueva al aire libre con tres grandes lagunas situadas a 15 metros de profundidad; las ruinas de la Isabela (primera ciudad del Nuevo Mundo); las paradisiacas islas de Cayo Levantado y Saona; el Salto del Limón; el barrio colonial de Santo Domingo.
Más información: www.presidencia.gov.do/

Uruguay

Población: 3 238 952 habitantes
Superficie: 175 013 km²
Moneda: peso
Capital: Montevideo
Principales ciudades: Salto, Paysandú, Las Piedras, Rivera, Colonia, Punta del Este
Clima: entre templado y tropical, con escasas oscilaciones térmicas debido a la influencia oceánica
Principales productos: carne, lana, cuero, azúcar, lana, algodón, mármol
Lenguas: español (oficial)
Lugares de interés: Colonia del Sacramento, antigua ciudad colonial; la región de Castillos, de gran riqueza histórica; la Costa de Oro de Canelones, con sus 70 kilómetros de playas; la Plaza Independencia de Montevideo.
Más información: www.turismo.gub.uy/

Venezuela

Población: 21 983 188 habitantes
Superficie: 916 445 km²
Moneda: bolívar
Capital: Caracas
Principales ciudades: Valencia, Barquisimeto, Maracaibo
Clima: tropical, moderado en las tierras altas
Principales productos: petróleo, gas natural, minerales, maíz, sorgo, caña de azúcar, arroz, plátanos, hortalizas
Lenguas: español (oficial), lenguas indígenas
Lugares de interés: el Delta del Orinoco; el parque nacional de Canaima, con el espectacular Salto Ángel, la mayor cascada ininterrumpida del mundo; el archipiélago de Los Roques; la paradisiaca isla Margarita; el parque nacional de Morrocoy, con sus playas, canales e islotes rodeados de manglares y de arrecifes de coral; Coro, la única ciudad del país declarada Patrimonio Mundial de la Humanidad; la Plaza Bolívar de Caracas.
Más información: www.venezuela.gov.ve/